歴史文化ライブラリー

12

飛鳥の文明開化

大橋一章

吉川弘文館

目次

仏教の伝来と飛鳥寺……1

飛鳥寺と文化財の伝わり方

飛鳥寺の周辺……10
飛鳥寺に立つ……19
日本の文化財……26
中国の文化財……33

法隆寺の建築

巨大木造建築……44
西院伽藍の建築……53

飛鳥寺の発掘

飛鳥寺の伽藍配置……68
飛鳥寺の発掘調査……83
舎利安置……96

仏教の伝来
仏教伝来と仏像の制作……110
仏教文化の受容……120
造寺工の養成……127
造仏工の養成……137
飛鳥寺の発願と造営
飛鳥寺の発願……148
露　盤　銘……155
飛鳥寺の建立……163
飛鳥寺造営の問題点……178
造営工事の検討……192
飛鳥寺の本尊……207
仏教文化の受容と飛鳥寺……223
あとがき

仏教の伝来と飛鳥寺

本書のテーマ

〝飛鳥の文明開化〟とはあまりに聞き慣れない書名のため、多くの方はいささかとまどっているのではあるまいか。文明開化といえば明治ではないかとお叱りをうけそうである。

たしかにわれわれは文明開化というと、明治初期に政府が欧米の先進文化を積極的に取りいれ、わが国の近代化を目指していたころの風潮を想いおこす。「散切頭《ざんぎりあたま》をたたいてみれば文明開化の音がする」といわれたように、国民の生活習慣をも一変させ、裃《かみしも》は洋服となり、都会には赤煉瓦《あかれんが》の洋館が建てられ、街路にはガス灯が輝き、鉄道馬車が走ったころの世相がしのばれるのである。

政府は欧米から多くの外国人教師を招聘《しょうへい》し、鉄道を敷いて汽車を走らせ、電信線を架設し、郵便制度を設け、官営工場をつくった。一方で学制を実施して小学校教育の普及に力を注ぎ、洋学を重んじて大学校を設立した。このように明治期のわが国は欧米の先進文化を受けいれて、さかんに近代化をはかり、その結果諸外国と摩擦をおこして三度も戦争をしたが、それでも走りつづけておよそ一〇〇年、今の日本人の多くは欧米文化に追い着いたと思っている。

このような先進文化を摂取してわが国の文化を根底から構築しようとした文明開化が、今から千四、五百年も前の飛鳥時代にもおこっていたというのが本書のテーマである。明治の文明開化は欧米の文化・文明を受容することであったが、飛鳥の文明開化は仏教文化を受容することからはじまった。

仏教の伝来

わが国への仏教は朝鮮半島の百済《くだら》の聖明王《せいめいおう》が西暦五三八年に伝えたという。仏像や経論を送ってきたが、このいわゆる仏教公伝以前に中国・朝鮮からなんらかの形でわが国に仏教が波及していなかったとはいえないが、仏教は日本人の精神思想の形成に大きな影響を及ぼした。

仏教伝来以前のわが国の宗教はいわゆるシャーマニズムの要素が強いもので、シャーマンと呼ばれる司祭者を中心としていた。シャーマンは一般に女性が多く、神霊と直接に交渉し、神意を告げたり病をなおしたりしたが、邪馬台国の卑弥呼も『魏書《ぎしょ》』には巫女《ふじょ》的な女性として書かれている。また穢《けが》れを忌み、これを除くために「はらい」や「みそぎ」がおこなわれ、ほかに毎年一定の季節、たとえば春の種まきや、秋の収穫のときなどに人々があつまり、神の降誕を願い、五穀の豊穣を祈る祭がおこなわれていた。

仏教伝来以前のわが国の宗教はシャーマニズムを中心として種々の要素が結びついた呪術的な性格の強い宗教、さらにいえばまとまった体系のないものであった。

このような宗教しか知らなかった日本人が高遠な哲学と独特の宇宙観をもった、しかも高度な文化をともなった仏教と接したことはきわめて重大な精神上の革命であった。もっとも仏教がわが国に伝来したときには、すでに広範囲の人にも受容されるために病気平癒や国家安泰を願う現世的・功利的な要素もそなえていた。当時にあってはおそらく高尚な仏教思想は聖徳太子のようなごく一部の知識階級の人しか理解できなかったと思われる。しかしながら、神を造形化できず、あの世を暗く不浄と思っていたわが古代人が、金色燦然と輝く仏像を目のあたりに拝し、美しく永遠なる仏の浄土の存在を知りえたことは、その後の日本人の精神生活をより豊かにし、仏教に付随してきた高度な文化はわが国の文化水準を根底から高めることになったのである。

中国の仏教文化

いうまでもなく、インドで生まれた仏教はパミール高原を越えて西域に伝わり、さらに東方に向い中国に伝わった。その時代は前漢末ともいうが、その後二〇〇年近く仏教は中国でさかんになることはなかった。仏教が中国で本格的に信仰されるまで二〇〇年もかかったのは、すでに中国には仏教と対抗できる宗教や文化が確立していたからにほかならない。それ故、新来の仏教が中国で受容されるためには二〇〇年をかけて中国文化と融合する必要があったのである。

この間中国固有の文化、すなわち漢文化と融合し、インド仏教とはまったく装いをあらたにした中国仏教が登場したのである。この中国仏教が中国の周辺諸国の朝鮮や日本に、あたかも文化が高き所から低き所に流れるように伝わっていったのである。

ところで、仏教が中国という新天地で信仰されるためには、中国固有の文化と反発・摩擦を繰り返すだけではなく、大いなる妥協も必要であった。先に述べた中国文化との融合も仏教からすれば妥協にすぎないが、仏教の側にこの妥協の精神が強かったのか、それとも中国文化の方に外来文化を取り込む力が強かったのか、おそらく両方であったと思われる。中国における最初の仏教の黄金時代はいうまでもなく南北朝時代であるが、この黄金時代を迎えるにあたっての試行錯誤の期間が先の二〇〇年にあたり、中国文化と仏教はさまざまな形で融合あるいは反発を繰り返してきたのである。

仏教の黄金時代を迎えるにあたってまず必要としたのが深遠なる仏教思想を説いた経典の翻訳で、膨大な経典が漢訳された。ただし、多くの仏教思想は道教的観念や中国伝統の思想と結合することによって、民衆の中に広がっていったのである。西域から多くの僧侶が中国を訪れるようになると、各地に中国伝統の宮殿建築を利用した仏教寺院が建てられるようになった。仏殿は屋根に瓦を葺《ふ》き、何本もの大きくて長い柱が屋根を支え、柱は版築《はんちく》技法で造成された基壇上の礎石の上に立った巨大木造建築で、また仏塔は五層、七層、九層といった高層建築で、北魏の洛陽《らくよう》の永寧《えいねい》寺九重塔は一五〇〇《メートル》もあったという。中国における彫刻の制作は戦国時代以来の伝統があって、仏殿内には金色華やかな金鍍金《きんときん》をほどこした金銅仏や彩色鮮やかな乾漆《かんしつ》像が安置され、中国伝統の工芸美術で荘厳《しょうごん》された。

つまり中国仏教はインドの宗教である仏教を中国伝統の思想と結合させ、中国固有の文化でつつみこんだのである。先進国たる中国文化でかざりたてた仏教はまさに先進文化そのものであった。このような先進文化が朝鮮半島に伝わり、さらに日本にまで伝わってきたのである。

ところで、文字の使用は人間の知的行動の基本ともいうべきものだが、日本人にとってその文字、つまり漢字は当時の日本人のごく一部の人たちだけが知っていた。仏教公伝《こうでん》の前夜ともいうべき六世紀のはじめに百済はわが国に五経博士を送り、わが知識層たちに五経の講義をしていたが、これは知識層の漢籍の読解力を促進させることになった。つまり仏教公伝のころ一部の日本人ではあるが、彼らの知的水準はようやく成熟の時期を迎えつつあったのである。換言すれば、六世紀になってわが日本人の一部はやっと仏教の哲学思想を記した経典を読んで理解できるほどに成長していたということである。だからそれ以前、つまり五世紀以前においては仏教を理解することは無理で、たとえ公伝以前に仏教が伝わっていたとしても、仏教思想を理解して仏教をつつみこんだ中国の先進文化を受容することはできなかったのである。

仏教文化と飛鳥寺

やがて六世紀になると、わが知識層たちの知的水準は向上し、いよいよ未知なる文化である仏教との遭遇がはじまったのである。当時のわが国にとってはこの先進文化たる仏教を受容することが文化的水準を一挙に引き上げることになった。多くの仏教経典が書写され、大勢の飛鳥人が文字と親しむ機会を与えられた結果、彼らの知的水準は向上し、仏教思想も理解できるようになった。同時に仏教をつつみこんでいた中国の高度な文化文明をわが国でも実現しようとした。すなわち、彩色鮮やかな巨大木造建築と金色に輝く金銅仏を擁した仏教寺院の建立である。

ところが、当時の日本人は仏教文化の象徴たる仏教寺院を誰一人見たことがなかった。そこで仏教建築や金銅仏を建立・制作するための外国人教師として百済から造寺工や造仏工が来日し、その指導のもとにわが国の造寺工（寺師）と造仏工（仏師）が養成されたのである。やがてわが国第一号の本格的寺院として、飛鳥真神原《まがみのはら》には飛鳥寺《あすかでら》が出現した。

切石で仕上げられた基壇の上には巨大な柱に支えられた大建築の金堂が三つも建てられ、三つの金堂に囲まれた中央部分には高さ三〇㍍もある高層建築の仏塔が天高く聳え、いずれも朱や黄や緑などの鮮やかな色彩で彩られていた。また金堂の中にはわが国初の仏師となった鞍作鳥《くらつくりのとり》が制作した丈六《じょうろく》の金銅釈迦像が金色燦然と輝いていた。それまでの日本人は四季折々の自然が生み出す色彩以外に人間が創出したものにはほとんど色彩らしいものはなかった。つまり、日本はモノクロームの世界であった。色彩華やかな巨大建築と金鍍金のブロンズ像の飛鳥寺は日本にあって日本でない世界を現出していたのである。日本人にとって飛鳥寺はまさしく未知の文化文明そのものであった。

このような飛鳥寺の造営を通じて、わが国は最新の中国文明の導入に成功したのである。

飛鳥寺につづいて法隆寺・四天王寺・中宮寺が建立され、七世紀前半の飛鳥時代にはおよそ五〇ほどの仏教寺院が建立された。こうしてわが国は、中国を中心とする東アジアの文明社会へ仲間入りをすることができたのである。

わたくしは、仏教とともにわが国に受容された中国文明がわが国に実現していく姿を〝飛鳥の文明開化〟と呼んでいる。本書ではこの〝飛鳥の文明開化〟の象徴である飛鳥寺の建立を通して最新文化がわが国に受容されていく過程をさぐってみたい。なお、飛鳥寺という寺号は地名による俗号であるが、この寺は元興寺《がんごうじ》・法興寺《ほうこうじ》の法号でも呼ばれていた。

飛鳥寺と文化財の伝わり方

飛鳥寺の周辺

飛鳥寺と飛鳥

飛鳥寺《あすかでら》は仏教伝来後、わが国で最初に建てられた本格的な仏教建築の大伽藍《がらん》であったが、残念ながら今では創建当初の建築は何ひとつのこっていない。創建期のものとして唯一のこるのは、飛鳥大仏と呼ばれている丈六《じょうろく》の釈迦像だけだが、これとて鎌倉時代の火災をうけているため、今では全身無残な姿を呈し、いたわしいかぎりである。

かつての飛鳥寺は奈良県高市《たけち》郡明日香《あすか》村大字飛鳥の南はずれの水田にかこまれた地に建っていたが、そこは甘樫丘《あまかしのおか》の東方、飛鳥川の東岸に位置していた。現在の飛鳥寺の境内には、江戸時代に建てられた小さな本堂と、観音堂や鐘楼、そして庫裡《くり》があるにすぎない。

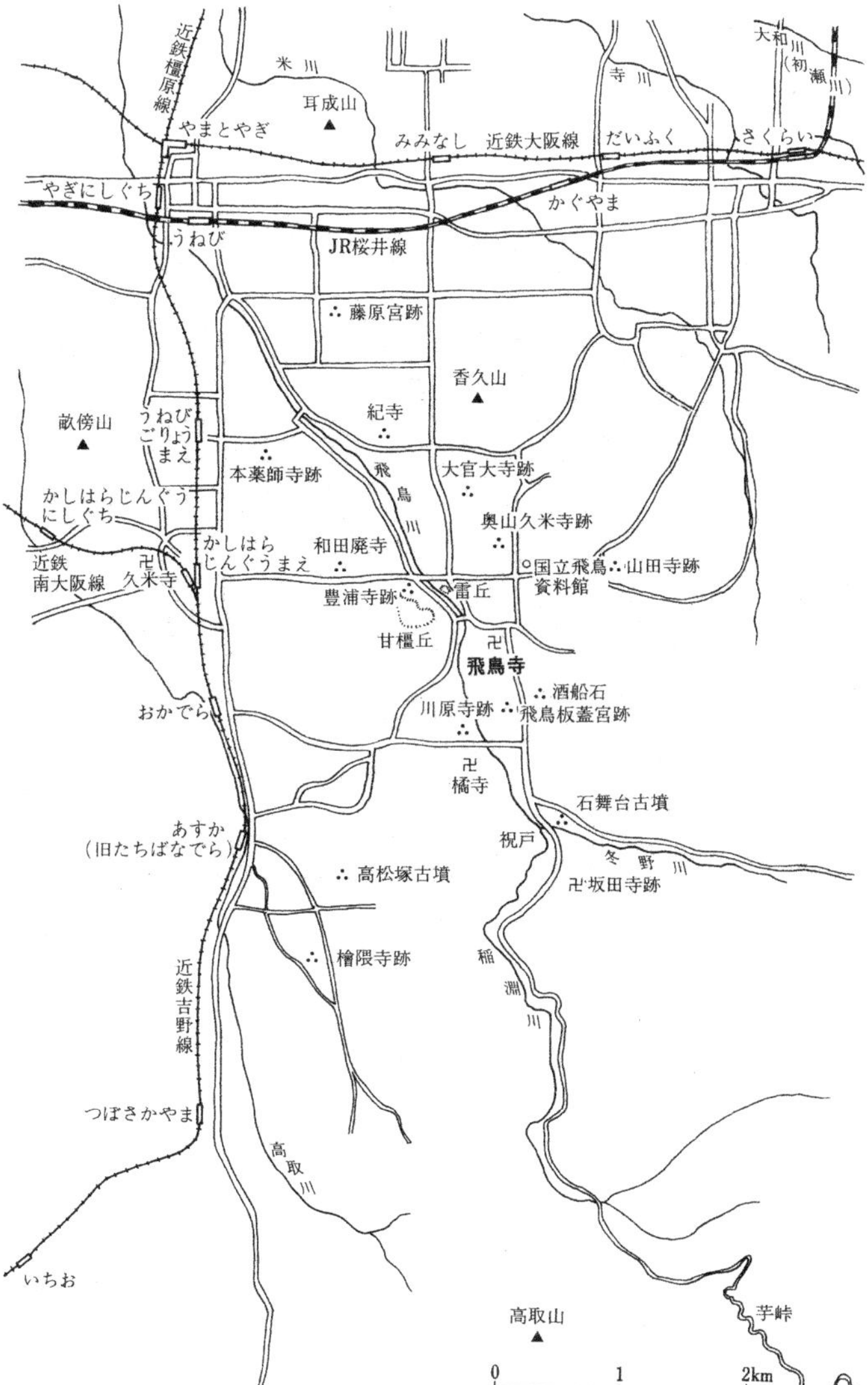
近鉄橿原線
米川
耳成山
寺川
大和川（初瀬川）
やまとやぎ
みみなし
近鉄大阪線
だいふく
さくらい
やぎにしぐち
かぐやま
うねび
JR桜井線
藤原宮跡
香久山
紀寺
畝傍山
うねびごりょうまえ
本薬師寺跡
飛鳥川
大官大寺跡
かしはらじんぐうにしぐち
奥山久米寺跡
近鉄南大阪線
久米寺
かしはらじんぐうまえ
和田廃寺
国立飛鳥資料館
山田寺跡
豊浦寺跡
雷丘
甘樫丘
飛鳥寺
酒船石
おかでら
川原寺跡
飛鳥板蓋宮跡
橘寺
石舞台古墳
あすか
（旧たちばなでら）
祝戸
冬野川
高松塚古墳
坂田寺跡
檜隈寺跡
稲淵川
近鉄吉野線
つぼさかやま
高取川
いちお
高取山
芋峠
0
1
2km

図1　飛鳥地方略図

図2　飛鳥寺の周辺（甘橿丘より望む）

わたくしがはじめて飛鳥寺を訪れたのは今から三〇年以上も前のことで、当時は参拝客も少なくいかにもさびれていて、日本最古の仏教寺院というおもかげはなかった。

この飛鳥寺のある一帯が古くは『日本書紀』や『万葉集』にみえる真神原《まがみのはら》であったが、古代の「飛鳥」というとその範囲は南北にさらに広がり、大和三山の香具山《かぐやま》の南にある大《だい》官大寺《かんだいじ》址から南、橘寺《たちばなでら》から北、飛鳥川の東岸の南北が約二・五キロ、東西が約〇・五キロの細長い地域であったという。飛鳥寺はこの飛鳥地域の中央部に位置する真神原のさらに中心部に建てられていたのである。

甘樫丘からの眺望

飛鳥寺が飛鳥地域の中心部に建てられていたことは、近くの甘樫丘に登るとよくわかる。甘樫丘は飛鳥川をはさんで飛鳥寺と東西に向き合う位置関係にあるが、一五〇メートルたらずの低い山ゆえ、一〇分か一五分で頂上に立つことができる。

はじめて甘樫丘に登ったとき、眼下に広がる飛鳥はまるで箱庭のように、小さく美しかった。ここが日本文化の、仏教文化の発生地だと想うだけで、なぜか胸があつくなったことを今でもはっきりおぼえている。胸をしめつけられるような感動があればこそ、わたくしはいまだにこの飛鳥とかかわっているのである。

この甘樫丘からの眺望は一四〇〇年の歴史のかなたにわれわれを誘ってくれるため、飛鳥を訪れるときはかならずといってよいほど甘樫丘に登った。最近は樹木が成長したせいか、このすばらしい眺望も以前ほどではないが、それでも四季折々の飛鳥の表情を伝えてくれる。まだ肌寒い三月末から四月のはじめには飛鳥全体にうすい靄がかかってやさしい飛鳥の横顔を、また五月ともなると新緑におおわれた生命力あふれる飛鳥の活力を、さらに秋の取入れのころになると穏やかな飛鳥のたたずまいを、つめたい冬がくると静まり返った飛鳥の静寂を見ることができる。

この甘樫丘には飛鳥が夕日に染まるたそがれどきに登るのがよい。その日は朝から飛鳥のあちこちを歩きまわり、夕刻近くなり最終コースの飛鳥寺から近鉄の橿原神宮駅に向っていた。飛鳥川を渡ったところで左手の甘樫丘が妙に気になり、さっそく登りはじめた。樹木が生い茂る山道は日もとっぷり暮れて暗くなり心細くなったが、頂上に出ると西の空はまだ明るく、ひときわ赤い夕焼が広がっていた。その下には墨で塗りつぶした黒い金剛・葛城から二上山の山なみが高く連なり、手前には大和三山の中でももっとも高い畝傍山《うねびやま》が青黒いシルエットで浮かび上っていた。絵に描いたとはこのような情景なのかと想いつつ、眼を北方にやると耳成山《みみなしやま》・香具山《かぐやま》が夕靄の向うにぼんやりと望まれた。次に東側の飛鳥を見渡すと、ここは逆光の西側とはちがい、夕日に照らされて明るく輝いていた。飛鳥寺の小さな本堂と鐘楼の輪郭線があたかも望遠鏡でのぞいているようにくっきりと見える。それははじめて見る神々しい飛鳥の姿であった。甘樫丘の東側と西側でこれほど光と影の明暗を分けた光景を見たのははじめてで、以後わたくしは忘れることができない。

飛鳥の地形　古代国家形成期の舞台となった飛鳥はたしかにせまく、甘樫丘から眺めるとその地形は手にとるようにわかる。

ここは地形上奈良盆地の最南端に位置する。平地である盆地が終ると、小高い丘陵地はやがて高度をまして竜門山地を形成する。甘樫丘からはるか南に望まれる東西に広がる山なみが竜門山地で、鎌倉時代以来の高取城が築かれた高取山や持統天皇が吉野の離宮への往復に何度か越された芋峠《いもとうげ》がある。この竜門山地から源を発した飛鳥川の上流の稲淵《いなぶち》川と東の山地から流れ出た冬野川が盆地の南端の祝戸付近で合流して川幅も広くなり、ゆったりと盆地を北流する。

合流地点の右岸の島之庄には蘇我《そが》馬子《のうまこ》の墓という石舞台古墳がある。飛鳥川をもう少し下ると、左岸には橘寺が、その北側の一段低いところには川原寺《かわらでら》がある。川原寺は山かげにかくれていて甘樫丘からは見えないが、飛鳥川の川原につくられていた飛鳥川原宮の跡に建てられたため、川原寺の名で呼ばれることになった。

川原寺の対岸の水田の中には飛鳥板蓋宮《いたぶきのみや》の伝承地があって、このあたりから水田が北方の飛鳥寺まで広がり、飛鳥川は北西方向の甘橿丘を目指して水田地帯を斜めに流れ、甘橿丘の山裾を南から北へぐるりとめぐり、雷丘《いかずちのおか》の西を北流し、大和三山に囲まれたかつての藤原京の南東から北西に縦断して、やがて大和川と合流する。

このように飛鳥は飛鳥川とともに歴史を歩んできたことになろうが、飛鳥盆地は飛鳥川の堆積によって生じた沖積平野であったという。『万葉集』にはそのころの飛鳥川が清流であった様子を詠じた歌がいくつものこっているが、今では飛鳥盆地を流れる飛鳥川にそのおもかげはなく、飛鳥川の周辺一帯は水田として開発され、明日香村の中心集落の岡や飛鳥には民家が立ち並ぶ。

福山敏男氏の研究との出会い

わが古代国家形成期の舞台で、かつ仏教文化の発生地としての飛鳥を訪れたのは、はじめにも記したようにすでに三〇年以上も前のことであった。そのときのわたくしはどうしてもわが国最初の本格的仏教寺院として建てられた飛鳥寺を見たくてしようがなかったのである。

というのも、大学に入学してはじめて読んだ研究論文が福山敏男氏の「飛鳥寺の創立に関する研究」（『史学雑誌』四五―一〇、昭和九年十月）であったため、福山論文で知った飛鳥寺をこの眼で確かめたかったからである。福山論文は仏教伝来後の六世紀の末から七世紀のはじめに建てられた飛鳥寺の創立事情を伝える文献史料、たとえば『元興寺《がんごうじ》伽藍《がらん》縁起《えんぎ》幷《ならびに》流記資財帳《るきしざいちょう》』（以下『元興寺縁起』）や『日本書紀』の記述が信用できるものかどうかを検討したものであった。

　それまで研究論文を読んだことのなかったわたくしには難解で、なかなか理解できず、何度も読み返してノートをとり、悪戦苦闘した。今も想い出しては苦笑するのが「潤色」という語である。福山氏は論文の中で、この記述は『日本書紀』の潤色であるとしきりに書く。潤色とは辞書を引くと色を添えるとあって、これでは何のことかわからない。『日本書紀』の編者が事実をまげてあるいは誇張して、自分たちに都合よく作りかえたということが当時はどうしてもわからなかった。

　飛鳥寺の名をはじめて耳にしたのは大学に入ってからのことで、当時のわたくしは飛鳥寺も法隆寺と同じく古い建物が今にのこっている寺だとばかり思い込んでいた。ところが飛鳥寺のことを少し調べると、創建当初の建物は何もなく、わずかに鞍部《くらつくりの》止利《とり》（鞍作鳥）仏師がつくった飛鳥大仏と呼ばれている釈迦像だけがのこっていることを知り、いささか驚いてしまった。しかし同時に当初の建物はひとつものこらない飛鳥寺の創立の経緯について、文献を中心に研究した福山氏の偉大さを知り、福山論文に感嘆したのである。福山氏は建築史の学者でありながら、文献史料の吟味は歴史学者以上で、わたくしは福山論文を理解することによって、文献史料をいかに扱い解するかという、文献研究の基本姿勢を学ぶことができた。

こうして大学一年の一学期になんとか福山論文を読破し、また飛鳥寺の発掘調査報告書にも目を通し、夏休みがくるとさっそく飛鳥寺を訪れたのである。

飛鳥寺に立つ

飛鳥寺の境内

飛鳥寺《あすかでら》は意外にも小さな寺であった。これがわが国第一号の寺の一四〇〇年後の姿かと思うと何だか気の毒にもなったが、創建当初の飛鳥寺には金堂が三つもあった。三つの金堂が一つの仏塔を東・西・北の三方から囲むように立ち、仏塔の南の中門の両脇から回廊が三金堂と仏塔を取巻き、講堂は北回廊のさらに北側にあったという。わが仏教文化が最初に花開いた飛鳥時代の寺院の伽藍《がらん》配置は、従来中門・仏塔・金堂・講堂が南北に一直線に立ち並ぶ四天王寺式伽藍配置であったと考えられていたが、この飛鳥寺の発掘調査によって、わが国第一号の飛鳥寺の伽藍配置は四天王寺式ではなく、それよりも豪華なものであったことが明らかとなったのである。

このような大規模な伽藍が今の小さな飛鳥寺の境内におさまるはずがない。現在の飛鳥寺本堂は創建時の金堂（中金堂）の跡に江戸時代に建てられたものというから、現本堂の南に仏塔が建っていたことになる。まず境内の南端近くの万葉歌碑が立っているあたりが仏塔の建てられていた地点と当りをつけると、これから南の中門や東西の東金堂・西金堂が建っていたあたりは水田の中となり、北の講堂の跡にはすでに民家が建っており、これらの堂宇は今の飛鳥寺の境内より外にはみ出る。

わが国第一号の寺院の伽藍としてはたしかに立派で、飛鳥寺発願者の蘇我《そがの》馬子《うまこ》が当時の日本人の誰一人見たことのなかった仏教寺院を建立しようとした意気込みが伝わってくる。

飛鳥大仏

飛鳥寺の境内で創建当初の堂塔の位置を確かめてから、やっと本堂の中に入って本尊の飛鳥大仏と対面した。飛鳥寺に唯一のこる創建当初のものということから、飛鳥大仏に対する期待は大きかったが、目の当りにおわします仏さんは大きいにもかかわらず、表面はただれて稚拙《ちせつ》な修理を何度か繰り返したためか、その姿はいたいたしい。誰が言い出したのか知らないが、満身創痍《まんしんそうい》という形容は気の毒ではあってもたしかにふさわしい。

図３　飛鳥寺本尊 飛鳥大仏
（飛鳥寺蔵）

本尊の飛鳥大仏は本堂の奥に、床下から立ち上った大きな石造の台座の上に結跏趺坐《けっかふざ》していた。そばに寄ると、この石の台座は表面を漆喰《しっくい》や粘土で塗られているが、それが乾燥して部分的に剝げ落ち、本尊同様いたいたしい姿を見せていた。

この飛鳥大仏は創建当初鞍作鳥《くらつくりのとり》仏師によって丈六《じょうろく》の釈迦三尊像としてつくられた。丈六仏とは像高が一丈六尺の仏像をいう。この大きさは後世の仏教徒が釈迦の時代のインド人の身長は八尺あったとし、釈迦を尊敬のあまり、その像をつくるのに一般人の倍尺である一丈六尺としたことから考えられたものという。この丈六を規準に上はその一〇倍の一六丈から下は一〇〇分の一の一寸六分にわたる大きさの像がつくられている。飛鳥大仏のような坐像の場合、坐っているためその半分の八尺でつくられるが、それでも丈六仏というう。一尺は現在の曲尺《かねじゃく》に近い唐大尺（約三〇チセン）にもとづくものとされ、丈六の立像で約四八〇チセン、坐像では約二四〇チセンになるが、飛鳥大仏は二七五・二チセンの丈六仏である。

色彩鮮やかな古代寺院

本堂の板の間に坐って飛鳥大仏を仰ぎ見ると、像高二七五チセンの丈六仏はたしかに大きい。これほどの大きさの仏像が一四〇〇年前にわが国第一号の寺院の本尊として大量の銅を調達してつくられたとは驚きともいえる。第一号の寺院の本尊ということはわが国の仏像制作の第一号ということにもなろうが、飛鳥大仏は当初丈六の金銅釈迦三尊像であった。

つまり、もとは脇侍《わきじ》が二体あって合わせて三体からなっていて、これら三尊の背後には大光背《こうはい》も立っていた。いずれもが溶銅を鋳型《いがた》に流し込んでつくられた鋳造製で、表面には鍍金《ときん》が施されていた。今も頭部のごく一部には鍍金がのこっているようだが、当初の飛鳥大仏は脇侍や光背もふくめ、すべてが金鍍金されていたのである。

金色で塗りつぶされた飛鳥寺本尊の釈迦三尊像は金色燦然と輝いていたが、これこそわが古代人がはじめて眼にした鮮やかな色彩であった。もっとも、鮮やかな色彩は仏像だけでなく、仏像を安置していた金堂や仏塔も華やかな色彩で塗られていた。

仏教寺院の堂塔は強固な版築《はんちく》の基壇を築いて礎石を据え、その上に太くて長い柱を立てて梁《はり》や桁《けた》を架《か》け、大きな屋根をのせた巨大木造建築であった。柱をはじめとする主要部材は朱に塗られ、白い漆喰壁に緑の連子窓《れんじまど》、金具類はすべて金鍍金というまことに彩色鮮やかな建築であった。

古寺というと日本人なら誰でも侘《わ》び・さびという言葉や古色蒼然とした無彩色を想い浮かべるが、もともと仏教寺院の堂塔や仏像はきわめて鮮やかで華やかな色彩で荘厳《しょうごん》されていたのである。しかし、この世のものとは思えないほど美しく彩られていた大伽藍はすでになく、金色に輝く本尊釈迦三尊像も両脇侍と光背を失い、唯一飛鳥大仏だけが気の毒な姿でのこっている。飛鳥寺を訪れて境内に佇《たたず》み、本堂の飛鳥大仏を拝すると、飛鳥寺にとって一四〇〇年の大きな時間が過ぎ去ったことを実感するのである。

飛鳥ブーム

飛鳥寺のある明日香村ではその後昭和四十七年（一九七二）三月に、極彩色の壁画が描かれている高松塚古墳が発掘されると、いわゆる飛鳥ブームがおこった。飛鳥観光の拠点として奈良国立文化財研究所飛鳥資料館や高松塚壁画館が建設され、甘樫丘《あまかしのおか》や石舞台古墳は建設省飛鳥国営公園となり、また村内に点在する史蹟には案内板が立てられ、飛鳥を訪れる人は飛躍的にふえることになった。

ちょうどそのころ日本経済は未曾有の高度成長期を迎え、明日香村の周辺にも開発の波が押し寄せてきていた。明日香村は野放途に広がる開発から一四〇〇年の歴史的景観を守るために条例をつくり、自ら住む住宅にはけばけばしい色彩を使用しない等の自己規制をした。そのため明日香村は今でも周辺の市町村とはちがって、きわめて落着いた景観を保っているのである。

とはいえ日本全国どこへ行っても舗装道路ばかりになったように、明日香村の道もあらかた舗装された。その舗装道路をサイクリング車の中高校生が行き交う。わたくしがはじめて飛鳥を訪れたころは近鉄の桜井駅や八木駅から一日に何本かのバスがあって、もっぱらこのバスを利用していた。だからそのころ飛鳥で観光客に会ったことなどなかった。そのうち飛鳥の土地勘をつかむと、橿原神宮駅や橘寺駅から歩くようになったが、そのころいつも思っていたのは自転車があれば便利だということであった。一時は本気で競輪選手が持ち運んでいる折畳み式の自転車を手に入れたいと考えていた。飛鳥ブームがおこるとサイクリング屋さんがあちこちにでき、以後わたくしは飛鳥をまわるときはいつも自転車を借りている。

一時の飛鳥ブームも去り、最近は訪れる人もめっきり少なくなった。観光客が少なくなっても、今の飛鳥は三〇年前にわたくしがはじめて訪れた飛鳥と較べるとやはり変貌している。ひと口でいえば、飛鳥は整備されたということになろうか。

そういえば飛鳥寺のみすぼらしかった小さな本堂もいつしか修理され、境内の東側には駐車場がつくられ、西側の畑の中にあった入鹿《いるか》の首塚もミニ公園化した。ただ飛鳥寺本尊の飛鳥大仏だけが三〇年前と変ることなく、しずかに本堂の中に坐っている。

日本の文化財

飛鳥の寺院址

飛鳥を歩きはじめたころ、飛鳥には創建当初の堂塔はすでに廃絶して、礎石しかのこっていない寺院址が実に多いことに気がついた。寺院建築は木造のため一〇〇〇年以上も建ちつづけることはもともと困難で、だからいずれの寺院も廃絶したといえなくもない。ところがどの寺院も飛鳥寺《あすかでら》につづく七世紀のわが仏教興隆期に創立された寺院ばかりなのである。

つまりこのせまい地域に七世紀創立寺院がいくつも集中していたことになるが、この事実こそこの飛鳥の地がわが仏教文化の発生地であり、しかも中心地であったことを何よりも物語るものであろう。わたくしははじめのうち飛鳥はなんと礎石の多いところかと思っていたが、七世紀の飛鳥の地には瓦葺《かわらぶき》の彩色鮮やかな巨大木造建築があちこちに建ち、たそがれどきには葛城・金剛の向うに沈む夕日をうけた仏塔の九輪はより黄金色を強め、甘樫丘《あまかしのおか》から眺める光景はまさしく仏教興隆を伝えるものであった。

それからすでに一四〇〇年という時間が過ぎ去り、わが仏教興隆の地に建っていた色鮮やかな仏教寺院はいずれも失われて地中に埋ってしまい、この地上にはわずかに礎石をのこすだけとなった。飛鳥寺と同じく川原寺《かわらでら》や橘寺《たちばなでら》には当初の建物はないが、近世の堂宇があって今も連綿と法灯がまもられている。一方、飛鳥川の上流の坂田寺や甘樫丘の近くの豊浦寺《とゆらでら》、山田道の和田廃寺（葛城寺）、奥山久米寺・山田寺、さらに藤原京の大官大寺《だいかんだいじ》・紀寺《きでら》・本薬師寺などは堂塔も仏像もすでに失われ、かつて堂塔の柱を支えていた礎石だけがのこり、その周辺から古瓦が出土する、文字通りの寺院址となっている。

伝世古と土中古

一四〇〇年前に飛鳥の地に出現した寺院の堂塔も仏像もすべて姿を消してしまったが、そのような中で唯一例外的なのが飛鳥寺本尊の飛鳥大仏である。この仏像は鎌倉時代の建久七年（一一九六）の雷火によって大破し稚拙《ちせつ》な修理を加えられ、損傷していない部分は少ないとはいえ、それでも今の世まで伝えられているのは運がよかった。わが国で人の手によってつくられ、この地上に存在したままで現在に伝えられたものでは、おそらく飛鳥大仏がもっとも古いのではあるまいか。

飛鳥大仏のように、この地上にあって人の手から人の手へ、ある世代から次の世代へと伝えられて現在に至った文化財を伝世古《でんせいこ》という。一方、なんらかの理由によって埋められるか埋まった文化財が掘り出され、ふたたび陽の目を見たものを土中古《どちゅうこ》というが、要するに、文化財の伝わり方には大きく分けると伝世古と土中古の二通り存在するのである。

わたくしたちのまわりにある多くの文化財もほとんどがこの二通りに分けられるが、かつて仏教寺院が建てられ、その中に置かれた仏像が何世紀も経て現在に至るまでそこにありつづけると、そのような仏像も建物自体も伝世古ということになる。すると典型的な伝世古として想い起こされるのが東大寺の正倉院で、そこには奈良時代の聖《しょう》武《む》天皇の愛用した数多くの美術工芸品がほとんど無傷の状態で伝来している。

飛鳥大仏を正倉院御物《ぎょぶつ》と同列に置くことはできないが、保存状態があまりよくない伝世古といえよう。

小杉一雄氏の見解

小杉一雄氏の見解によると、その国の文化財が伝世古を主体としているか、それとも土中古が主になっているかということは、人間と美術品とのかかわり合いに関することになるという。つまり、美術を愛し、美術品を大切にしていれば、どんなに傷つきやすく壊れやすい材質の美術品でも伝世古として今日にのこるというのである。

小杉氏はさらにいう。「文化財はそのかよわくもろきこと、美しく散りやすき花のごとくでもあり、また風にもたえぬ佳人にも似ている。そして、その運命をすべて人間にゆだね、自分を守るべき何の力もないのである」（『中国の美術』社会思想社、昭和四十九年）。

小杉氏は美術品に寄せる想いを、まるでラブレターでもしたためるような筆致で記しているが、美術品に対するこの見解はまことに正鵠《せいこく》を得ていて、言い得て妙である。多くの人は今までこのようなことを考えたことはあるまい。美術品をこよなく愛し、しかも美術史家でもある小杉氏ならではの発言といえる。もっとも文化財はすべてがかよわきものかというと、けっしてそうではない。石製品は硬くて簡単には壊れないから、当然ながら長持ちする。一般的には焼かれたり乱暴に扱われたりするだけで、文化財はほろびてしまう。一見強そうに見える金属も鋳つぶされて銭などにされてしまうから、石と較べるとあまりに弱い。

だから小杉氏は、文化財の伝わり方からその国の人と美術に対する態度を考えようとする場合には、石製文化財をその対象からはずすべきだと主張している。たしかに石製品は放置していても一〇〇〇年は優にもつ。先ほどから、飛鳥の地につくられた寺院のうち創建当初の堂塔や仏像は飛鳥大仏をのぞくとすべて失われ、礎石だけがのこっていると記してきたが、丈夫な石製の礎石がのこるのは当然ということになろう。そういえば今も飛鳥にのこる酒船石《さかふねいし》・須弥山石《しゅみせん》・二面石・猿石・亀石・鬼ノ俎《まないた》・鬼ノ雪隠《せっちん》・石舞台・益田岩船・竹野王塔・十三重石塔等みな石製品の文化財ばかりであるのもそのためである。

伝世古の条件

古代の文化財が現在までの長期間残存するためには、文化財を収納する施設、つまり丈夫な建造物が必要となる。仏教伝来以前のわが国にはいつ壊れてもおかしくない掘立柱の粗末な建物しかなく、このような時代の文化財が伝世古となることはもともと不可能で、ほとんどは土中古となった。

ところが仏教の伝来とともに伝えられた仏教建築は中国で発達した巨大木造建築で、それまでのわが国の建物とは較べようもないほど大きく、かつ堅固なものであった。このような堅固な巨大木造建築の登場によって、わが国の文化財は格好の格納庫を得ることになり、以後わが国は伝世古の時代に入るのである。なお、このとき伝世古となった文化財は仏教美術が主流であったことはいうまでもない。

仏教寺院の中でもっとも重要な文化財を収納する建物が本尊を安置する金堂で、飛鳥寺の場合、この金堂に安置されていたのが鞍作鳥仏師がつくった丈六の金銅釈迦三尊像、つまり飛鳥大仏であった。飛鳥寺にはこの金堂のほかに東金堂・西金堂・仏塔、さらに倉庫等にも仏像をはじめとする各種文化財が安置・収納されていた。このような仏教美術品は格納庫たる堂塔が存在するかぎり伝世古として伝わっていくが、ひとたび堂塔が失われると、往々にして運命をともにすることになる。

飛鳥寺は鎌倉時代の建久七年に雷火のために焼失するが、そのとき創建以来の文化財は飛鳥大仏をのぞくとほとんどが灰燼に帰した。巨大木造建築も木である以上火災に対しては手の施しようがなく、伝世古にとって仏教寺院はけっして安住の地ではなかった。

伝世古の国

文化財の保存施設が火に弱く、朽ちやすい木造建築であるかぎり、わが国の伝世古にとって残存条件はけっしてよくなかった。しかしそれでもわが国は伝世古が主体の国である。

奈良斑鳩《いかるが》の法隆寺には、七世紀末に建てられた世界最古の木造建築が今も厳然と立っており、わが国で国宝に指定されている文化財の一割が法隆寺に存在する。八世紀の奈良時代の建築ともなると現存するものは一挙にふえ、かつての平城京の条坊の中に建てられていた薬師寺の東塔や唐招提寺の金堂や講堂は、平城京が廃絶した後もそのまま立ちつづけて今も天平《てんぴょう》の面影を伝えている。平城京の東には奈良時代の最大寺院たる東大寺があって、天平建築の法華堂には天平彫刻の名品が伝蔵され、同じく天平建築の大規模倉庫の正倉院校倉《あぜくら》には聖武天皇ゆかりの美術工芸品が納められている。

この正倉院校倉の中に超一級の宝物があることは周知の事実でありながら、一二〇〇年ものあいだ校倉が壊されることもなく、また盗人による被害もほとんどなかった。このようなことは世界史上でも例がなく、まさに奇跡といえる。正倉院美術こそ伝世古の中の伝世古で、わが日本民族が世界に誇れる文化遺産なのである。正倉院美術は勅封《ちょくふう》という日本人を平伏《ひれふ》せさせる天皇の権威によって守られてきたともいえなくはないが、やはり日本民族が正倉院を守ってきたというべきである。

仏教寺院の堂塔と仏教美術の場合も日本民族が守ってきたことになろうが、木造建築は雷火や戦火におそわれると一溜《ひとたま》りもなく消え失せる。それでも中に納められている文化財を救出しようとしてきたが、巨大木造建築の金堂が燃え盛ると、本尊が丈六ならその大きさからまず救出できない。しかし全身火を浴びながらも飛鳥寺本尊の丈六金銅釈迦像は当初の姿通りではないが、現在まで伝世している。これはまさに稀有《けう》なことなのである。

中国の文化財

中国の文化財の伝わり方

わが国の文化財は仏教が伝来すると伝世古として仏教寺院に残存することになり、鎌倉時代以降になると有力貴族や大名家においても文化財が伝世されるようになった。しかし文化財の数量からすると寺院に伝世された仏教美術品の方がはるかに多く、わが国の伝世古はやはり仏教美術が中心といえる。

ところで、古代においてはもっぱら文化発信国であった中国は、文化財の伝わり方としては圧倒的に土中古が多い。つまり中国の文化財はこの地上で伝わる伝世古がきわめて少ないのである。中国では文化財を収納する建築はわが国にも伝わった巨大木造建築のほかに、木よりも火には強い塼《せん》造の建築もあったから、収納施設としてはわが国より条件はよかった。ところがである。

わが国に仏教が伝わった六世紀ごろ、中国は最初の仏教黄金時代の南北朝時代の末期であったが、そのころ建てられた仏教寺院は南朝の梁《りょう》時代（五〇二～五五七年）に二八四六寺、北朝の北魏の延昌年間（五一二～五一五年）に一万三七二七寺を数えたという。しかしこのうちの一寺さえも現存しない。またわが国では法隆寺や薬師寺の東塔が建てられた七世紀末から八世紀にかけて中国では第二の仏教黄金時代の唐時代を迎えていたが、当時の都長安、今の西安のどこにも唐の寺院建築はのこっていない。

わが国とは比較にならないほど桁違いに多い数量の仏教寺院が建立されたにもかかわらず、そのほとんどが残存しないのである。わが国と較べるとまことに歩どまりはよくない。

わが国とは反対に、中国の文化財がこの地上からほとんどその姿を消して、土中古の国になったのはなぜであろうか。それを知るには中国の歴史をふりかえる必要がある。

中国歴史の特殊性

中国三〇〇〇年の歴史の中で、中国を代表する漢や唐の王朝は安定した長期の統一王朝であった。しかし二五の王朝がつぎつぎと興亡し、また数多くの異民族が侵入した中国では何度も乱世が繰り返された。つまり、政治的・軍事的に不安定なこの乱世が地上につくられた建物と各種文化財をことごとく破壊してきたのである。もちろんわが国にも乱世はあったが、その規模がちがった。たとえば大地震が都市を破滅させるように、中国の乱世はそのつど時代の文化を集積した都市を根刮《ねこそ》ぎ破壊してきたのである。善をつくし、美をつくして荘厳《しょうごん》された仏教寺院の多くは人のあつまる町中につくられていたから、乱世になると一溜りもなくこの地上から姿を消してしまった。このような中国歴史における乱世が文化財を破壊した張本人である。

　中国には文化財の大敵である乱世のほかに、仏教美術品だけを狙い撃ちした大破壊があった。それは三武《さんぶ》一宗《いっそう》の難と呼ばれる前後四度に及ぶ仏教に対する大弾圧、つまり廃仏である。第一回は北魏太武帝の太平真君七年（四四六）、第二回は北周武帝建徳三年（五七四）、第三回は唐武宗会昌五年（八四五）、第四回は後周世宗顕徳二年（九五五）の廃仏である。日本にも源平時代の平重衡《しげひら》による東大寺・興福寺の焼討や戦国時代の信長の叡山焼討、さらに明治元年の神仏分離令にともなう廃仏《はいぶつ》毀釈《きしゃく》があるが、前二者は特定の寺院、後者も奈良を中心にしたもので、被害の規模は小さい。ところが中国の廃仏はまさに破仏で、国家の命で全国規模でおこなわれたから、仏教にとっては災難としかいいようがない。第一回の廃仏では経典・仏像から寺院に至るまですべて焼き捨て、僧尼は穴埋めにさせるという凄まじいもので、これでは仏教美術品にのこれといっても無理である。

このような大破仏が四回もあれば町中の仏教寺院は残存するはずがなく、仏像をはじめとする仏教美術品またしかりである。だから中国では第四回の廃仏以前の寺院で都市にのこるものはまったくないのである。

文化財の破壊者

「青丹《あおに》よし奈良の都は咲く花の匂うがごとく今さかりなり」とうたわれた平城京の条坊の中に建てられていた建物で、今のこるのはすでに記したように薬師寺の東塔、唐招提寺の金堂や講堂、条坊から少しはなれると東大寺の法華堂や正倉院校倉、新薬師寺本堂がある。平城京の西南の斑鳩の地に建てられた法隆寺西院伽藍は一二〇〇年前の平城京よりさらに古い。

しかるに平城京と同じ時代の唐の長安に建てられていた建物は、平城京のそれとは質量とも比較にならないほどであったにもかかわらず、現在一宇さえものこっていない。この現実が日本と中国における人と美術品とのかかわり合いを語ることにもなり、端的にいえば伝世古の多い日本は中国よりも文化財を大事にしてきたともいえる。ただ誤解してならないのは、日本は伝世古、中国は土中古が主体の国といっても、あくまでそれぞれの国における伝世古・土中古の占める割合であって、絶対的な数量で日本の伝世古が中国の伝世古より多いというのではない。

国全体でいえば、伝世古の割合が多い日本は伝世古の割合が少ない中国よりも文化財を大切に扱ってきたといえる。しかし、中国人が文化財を大事にしなかったというのではない。文化財破壊に直接手を下したのは多くの中国人かもしれないが、あの乱世を出現させたのは少数の支配者階級の人間、つまり帝王たちで、彼らのあくなき権力欲が乱世を招き、文化財を破壊に至らしめたのである。また三武一宗の大破仏の勅命を下したのも帝王たちであった。要するに、中国の文化財を破壊に導き、伝世古を少なくしたのは多くの中国人ではなく、少数の帝王たちなのである。

この帝王たちは権力と財力を一身にあつめていたため、当代の美術品の一大コレクターとなった。この面だけをみると、帝王たちは美術品の保護者のようでもあるが、それはちがう。というのも帝王の周辺に、つまり一ヵ所に蒐集された美術品は、彼らの王朝が滅亡するとき運命をともにして亡びてしまったからである。先の小杉氏は「もし全土の好事家の間に分散されていたなら、おそらく事情はよほど違っていたであろう」といわれるが、後の祭である。

中国最古の仏教建築

われわれ日本人は奈良に行きさえすれば、天平時代に建てられた仏寺建築をも白鳳《はくほう》時代の仏寺建築をも容易に実見することができる。仏像に至っては天平仏・白鳳仏・飛鳥仏にまで会うことができる。伝世古の国たる所以《ゆえん》でもあるが、中国ではこうはいかない。

かつての都である長安や洛陽を訪ねても、わが飛鳥・白鳳・天平時代に匹敵する時代の寺院はまったくのこっていない。中国歴史において何度も繰り返されてきた乱世と四度に及ぶ大廃仏によって、都市に建てられていた寺院はすべて破壊しつくされたからである。だから中国で、わが法隆寺の西院伽藍や薬師寺東塔と同時代の寺院建築を見ることはできないし、法隆寺五重塔や東大寺法華堂のように創建当初のままの建築と仏像を見ることはなおさらできないのである。

ところで、乱世と大廃仏による仏教美術の破壊も中国全土のすみずみまで及んだわけではない。人の大勢あつまる都市に建てられた仏教寺院の被害が当然大きく、田舎に行くほど被害は小さくなる。したがって、人里はなれた山中に建てられた寺院は破壊を免れる。

現存する中国最古の巨大木造建築はこの山中に立っているのである。すなわち山西省の五台山仏光寺の大殿で大中十一年（八五七）に建てられている。この年はわが平安時代前期の文徳《もんとく》天皇の天安元年にあたるので、中国では破壊の及ばない山中であっても天平時代に匹敵する建築はないことになる。もっとも小規模建築となると同じ五台山の南禅寺に三間の方形建築の大殿があるが、建中三年（七八二）というから、これでもわが天平時代の終りである。乱世と廃仏の多かった中国では、これも致し方なかったのかもしれない。

石窟寺院

中国仏教美術は四回の廃仏と繰り返された乱世のために破壊され、政治文化の中心たる都市からはあらかたその姿を消してしまった。仏教伝来の伝説をもつ洛陽の白馬寺や玄奘《げんじょう》が経典の翻訳事業をおこなった長安の大慈恩寺は今もその偉容を誇っているが、いずれも後世の建築がのこっているにすぎない。

ところが、都市の近くにあっても破壊されなかった例外的な文化財が石窟《せっくつ》寺院である。石製品が丈夫で長持することはすでに述べたが、中国の仏教美術で度重なる破壊から遁《のが》れ得たのが石製品であった。

石製品は焼いても打壊そうとしても、簡単には亡びない。石窟寺院を本気で壊すには、ブルドーザーのような重機かダイナマイトを用意しなくてはならない。だから洛陽のような大都市の郊外に掘鑿された竜門石窟が破仏から助かり、今に創建当初の偉容を伝えているのは、石灰岩という硬い岩質に負うところ大なのである。岩質がもろく、仏像は塑像でつくられている敦煌莫高窟《ばっこうくつ》が今も健在なのは、中国本土の中原からあまりに遠い、それも砂漠地帯につくられたからである。いくら乱世だ廃仏だといっても、こんな鄙《ひな》なる敦煌まで石窟寺院を壊すためにわざわざ赴く粋狂な人はおるまい。

中国では奈良にのこっているような寺院と仏像を見ることはできないが、日本ではつくられなかった石窟寺院の仏教美術を通して、南北朝時代や隋・唐時代に都市につくられた仏教寺院の仏像を偲ぶことができるのである。

中国土中古への期待

日本は伝世古の国、中国は土中古の国といっても、それはそれぞれの国における伝世古・土中古の割合によるものだから、中国では少ない伝世古が日本の伝世古より数量が多いかもしれない。数えたことはないが、たぶん多いと思われる。すると中国全体の文化財は日本とは比較にならないほど無量に多いことになるが、これこそ国力の差なのである。

中国は古くから富み持てる国であった。それに対して日本は貧しく持たざる国であった。だからわが民族は文化財を土中に埋めるよりも伝世古として大切に伝えてきたのかもしれない。

早い話がわが国の古墳から出土する副葬品と中国の古墳の副葬品を比較すれば、国力の差は歴然としている。一九七二年、湖南省の長沙の馬王堆《まおうたい》漢墓から、二〇〇〇年前の軑侯《たいこう》夫人《ふじん》の遺体が生けるがごとく弾力のあるままで、完全な形の帛画《はくが》や漆器とともに発掘され、一九七三年には河北省定県の満城漢墓から、一〇〇〇片以上の玉片を金糸でつづり合せた金縷玉衣《きんるぎょくい》という帝王貴族の葬服が出土し、一九七四年に始皇帝陵から兵馬俑《よう》が一〇〇〇体、それも等身大のものが発掘され、世界中の人を驚かせた。当時わたくしは大学院の学生であったが、さすがに富める国の土中古はすごいと感服したものである。

わが国では高松塚古墳が発掘され、日本初の壁画古墳ということで日本中が大いに沸いたが、描かれた人物像の大きさがわずか三〇㌢《セン》《チ》ほどで一六人だった。同じ時代の唐の懿徳《いとく》太子墓・章懐太子墓・永泰公主墓の壁画には等身に近い人物が何十人も描かれており、墓室は歩けるほど大きい。藤ノ木古墳の場合は馬具はなかなかに見事であったが、絹製品は顕微鏡で確認しなければならないほど微少で、漢墓から出土する完全な絹織物と較べるとあまりに貧しい。しかしこれも国力の差であってみればしかたあるまい。

さて、正倉院宝物はどれもが一級の美術品だが、将来天皇陵が発掘されることがあっても、わたくしは正倉院美術を上回るものは出土しないと考えている。なぜなら、現実世界で使用する以上のものを墓中に副葬することはないからである。その点伝世古の少ない中国では予測がつかないものが出土する可能性があって、さらにそれよりもすばらしい文化財が現実世界では用いられたことが想像できるのである。

中国西安市の西北つまり「いぬい」の方角にある乾陵《けんりょう》は唐の第三代皇帝高宗と則天武后の合葬墓で、試掘の結果、墓室は厚さ五〇センチほどの鉄の壁でおおわれており、盗掘されていないという。どうやら二十一世紀にならないと中国当局は発掘しないようだが、そのときはかならずやわが正倉院宝物を上回る文化財が陽の目を見ることであろう。

法隆寺の建築

巨大木造建築

仏教建築

鎌倉時代に雷火のために焼失した飛鳥寺《あすかでら》の建築について、わたくしは巨大木造建築という語を何度か使ってきたが、これだけでは誰も見たことのない飛鳥寺の建築を想い浮べることは無理なのかもしれない。

われわれが住んでいる住宅建築は木造が多いと思われるが、巨大木造建築というのは柱の大きさが住宅建築の柱の一〇倍はあり、床面積は一〇倍、高さも五倍以上はあって、仏塔ともなると高さは三〇メートル以上にも及ぶものであった。これほどの大きさであればかなりの精密さが要求され、建立にあたっては垂直線や水平線、さらには直角等がきびしく求められた。

飛鳥寺はわが国第一号の本格的伽藍の寺院であったが、『日本書紀』推古三十二年（六二四）の四六寺という記述や石田茂作氏の寺院址の調査を参考にすると、七世紀前半の推古朝にはわが国の寺院はおよそ五〇ほどあったと思われる。しかし現在では一つものこっていないため、飛鳥時代の仏教寺院を実見することはできないのである。

それではわが国に仏教を伝えた朝鮮半島の百済《くだら》はどうかといえば、新羅《しらぎ》・高句麗《こうくり》を加えた朝鮮三国を見てもわが国と同じく当時の寺院は何一つのこっていない。巨大木造建築の発生地たる中国にのこっていないことはすでに何度も述べたとおりである。

法隆寺論争

現存するわが国でもっとも古い寺院建築は法隆寺西院伽藍である。日本最古の木造建築ということはすなわち世界最古ということになるが、この法隆寺の建築が創建当初の飛鳥時代のものなのか、それとも火災のあと再建されたものかという法隆寺再建非再建の問題が明治以来五〇年間にわたって論議されてきた。

論争の発端は『日本書紀』天智天皇九年（六七〇）条に書かれている法隆寺火災の記事の信憑《しんぴょう》性をめぐるものであった。天智九年に法隆寺が焼けていれば法隆寺西院伽藍は飛鳥時代の建築ではなく、それ以降つまり白鳳《はくほう》時代の建築ということになる。

明治三十八年（一九〇五）に建築史の関野貞氏と美術史の平子鐸嶺氏が非再建論を発表

し、これに対してすぐさま歴史学の喜田貞吉氏が再建論で反論したため、世紀の法隆寺論争が始まったのである。論争を通じて建築史・美術史・仏教史・日本史・考古学等の各分野から多くの研究者が参加し、法隆寺の建築・美術・歴史の諸問題が広く研究された。その結果、実証的な学問研究の黎明《れいめい》期であった明治時代に建築史学や美術史学の研究方法が新しく開拓され、その後の奈良美術の研究に貢献することになったのである。

論争は昭和十四年（一九三九）の若草伽藍の発掘によって、地下にいわゆる四天王寺式の伽藍配置の遺構が確認され、塔址・金堂址の規模が現西院伽藍のものに近いことや、伽藍の南北の中心軸が西に約二〇度ふれている（西院伽藍は西に約三度ふれている）こと、出土瓦はいずれも焼けていて、その文様は飛鳥寺創建瓦に近いこと等が判明したため、法隆寺の再建は動かなくなった。

こうして戦前の法隆寺論争は幕を閉じたが、戦後になると法隆寺昭和大修理によって多くの新知見が紹介され、法隆寺建築の様式研究が進展した。その結果、最近では天智九年の若草伽藍、つまり創建法隆寺の焼失は動かないが、西院伽藍の再建法隆寺の造営が天智九年の創建法隆寺の焼失の前から始まっていたかどうかという問題に移ってきている。いずれにしろ西院伽藍は七世紀後半の白鳳時代の建築ということでは研究者の見解は一致しているのである。

ジャンボ機の窓から

それではさっそく世界最古の木造建築が今ものこる法隆寺を見てみよう。法隆寺へはもっぱら国鉄の関西線、いや今はJRというが、このJR大和《やまと》路線《じせん》の法隆寺駅から歩いて訪れたものである。

今は立派な舗装道路になった白っぽい砂利道を歩き、やがて民家の間を抜ける旧街道へ出て、門前の松並木からまっすぐ南大門へ進む。いつだったか羽田から伊丹空港へジャンボ機で飛行中だったが、ちょうど松並木の上で法隆寺の上空を飛行中だと気付いたときはいささか興奮した。あわてて西院伽藍を探すと、中門と回廊に囲まれた白っぽい大地を背に、金堂と五重塔が輪郭線も鮮やかに、あたかも浮かびあがるように見えたが、回廊内の敷地は意外に広かったというのがそのときの印象である。

金堂と五重塔をはっきりと視認することができたため、心臓の鼓動もいく分余裕を取戻し、東西に長い法隆寺の伽藍図を想い浮かべた。そこで次に確認したのが東院の夢殿である。八角形の建物というのは空からだと簡単に見つけることができた。東院の中門と回廊も見えたが、西院とちがって東院の回廊内はせまい。飛行機は動いているのだから、ここでまたもあわてて若草伽藍を探す。目印は空地であったが、運よく見つけ、ぽつんとあった塔の心礎を認めたときは無性に嬉しかった。

この間わずか一分ほどだったが、奈良美術を研究しているわたくしにとっては忘れられない体験であった。

仏教建築の重量

松並木を通り抜けると南大門の前に出る。室町時代再建の南大門の中の間から、はるか北方の一段も二段も高くなったところに中門とその両脇に取付く回廊が見え、その向うに金堂と五重塔の屋根が望まれる。

南大門から西院伽藍までかなりの距離があるが、当初は西院伽藍の中門のすぐ前に南大門は立っていた。平安時代の半ばごろに現在地に移された。飛鳥・天平時代の伽藍では中門と南大門が近接しているのが一般的で、本格伽藍第一号の飛鳥寺がそうであったから、その後の寺院がみな飛鳥寺に倣《なら》ったのかもしれない。

この西院伽藍の背後にはなだらかな丘陵があるが、このすそを切り崩し南側の低いところを埋立て整地した上に西院伽藍は建立されている。したがって建築工事がはじまる前に相当量の土木工事がおこなわれたのである。土木工事といえば、仏教建築はそれまでのわが国の建物とは比較にならないほどの技術と大工事を必要とした。

というのも、わが国の建物は穴を掘って柱を立て、穴を埋め戻してつき固める掘立柱式であった。カヤ板で葺かれた屋根をはじめ建物全体が小さく軽かったため、掘立柱式で十分だったのである。しかし中国で生まれ発達した仏教建築は巨大木造建築であった。

中国の木造建築の特色は屋根に瓦を葺くことで、瓦は紀元前の戦国時代にはすでに使われていた。一枚三㌔ほどの瓦が西院伽藍の金堂の初重・上重の二重の屋根には二万六〇〇〇枚も葺かれているが、瓦を安定よく葺くために屋根には土をおくため、瓦と土の重さは一二〇㌧にもなるという。中国の木造建築はこの重い屋根をいかに支えるかということから発達したといっても過言ではない。屋根の重みを支えるために、柱や梁《はり》・桁《けた》等の部材は太くなり、またその上に多くの組物《くみもの》をのせることになったので、建物全体の重量は何百㌧にも達する。そこで太い柱をうける礎石が必要となり、さらに巨大建築全体を支えるために頑丈な基礎を造成することになったのである。これが基壇と呼ばれている仏教建築の基礎部分である。

基壇の造成

仏教建築の基壇は堂塔を建てる敷地の表土をはいで地山《じやま》という固い地盤まで掘り下げ、その上に版築《はんちく》という中国伝統の土木工法で造成した。

版築とは、土を突き固めながら土を盛り上げる土木工法で、古く紀元前の夏商時代から盛んにおこなわれ、城壁・墳丘・基壇等の構築に用いられていた。わが国には仏教伝来とともにもたらされ、おそらく飛鳥寺の建立に際してはじめて採用された工法で、高松塚古墳の墳丘も版築によったことが明らかになった。

まず地下の地山面《じやまめん》に一〇センチほどの厚さに粘土質の土をおき、突き固めながら重ねていく工法で、地下一メートルあるいは二メートルの地山面から、地上一メートル以上も盛り上げているため、版築の厚さは二メートル、三メートルにも及ぶが、その上に柱の数だけ礎石を据えた。湿った粘土質の土が固まると強度をまし、今の鉄筋コンクリートに匹敵するほどの強度になるという。

つまりこの版築は建物の床面積よりも一まわり広く、全体が厚さ二、三メートルという鉄筋コンクリートの塊だと思えばよく、これほどのものなら何百トンにも及ぶ巨大建築を支えることができるのである。世界一の超巨大木造建築の東大寺大仏殿の重量はわたくしには想像できないが、これも頑丈な版築工法による基壇の上に建てられていればこそ、寸分の狂いもなく立ちつづけているのである。

このようにわが国に受容された仏教建築は当時の誰も見たことのなかった巨大でかつ画期的工法によるもので、まさしく革命的な建築であった。

仏教建築と「寺」

わが国に伝来した仏教建築はもともと仏教のために考案された建築ではない。中国で宮殿建築や官庁建築として発達していた巨大木造建築が仏教に転用されたものである。これについて、小杉一雄氏は次のように述べている。漢和辞典を引くと、「寺」という字は漢代以来一般の役所を指すもので、外国使臣を扱う役所に鴻臚寺《こうろじ》というのがあって、後漢のはじめごろ仏僧をそこに泊めていたために「寺」は仏教の専用語になったが、そのことは最初の寺も中国の役所か宮殿風の建築だったということで、インド風の建築は建てられなかった。また中国建築伝統の瓦当《がとう》（軒丸瓦《のきまるがわら》・鐙瓦《あぶみがわら》）は、役所建築では役所名、宮殿建築では「漢併天下《かんぺいてんか》」や「長楽未央《ちょうらくみおう》」等のめでたい文句や四神《ししん》が装飾されていたが、仏教寺院に転用されると瓦当文様《もんよう》に蓮華文《れんげもん》が登場したというのである。

南北朝時代の北魏の洛陽の仏教とその美術について記した楊衒之《ようげんし》の『洛陽伽藍記』には、洛陽第一の大寺である霊太后《れいたいごう》の永寧寺《えいねいじ》の仏殿は大極殿《だいごくでん》に似ていると書かれている。したがって、中国伝統の宮殿建築や役所建築が仏教建築に転用されたであろうことはまずまちがいあるまい。

それにしても「寺」といえば仏教というのが今の日本人の共通認識であろうが、文字をつくった中国では当初そうではなかった。わたくしも学生時代に先の『洛陽伽藍記』に「司農寺」とあるので、てっきり寺の名だと思っていたところ、今の農林水産省にあたる役所だと知り、いささかびっくりしたことがあった。役所を意味していた「寺」が仏教の専用語になったとはなかなかに興味深い。

西院伽藍の建築

西院伽藍

法隆寺西院伽藍の正面が中門である。中門の両脇に回廊が取り付き、金堂と仏塔を囲んでいる。仏教寺院の中でもっとも神聖な金堂と仏塔を外界から遮断する垣、あるいは塀が回廊であり、神聖な場所への出入口が中門ということになろう。ただしこの門は人が通るための門ではなく、仏門《ぶつもん》といって仏のためのもので、僧侶は回廊の東南と西南の隅の戸口から出入りする。

この中門は正面つまり間口が四間、奥行三間、二重の入母屋造《いりもやづくり》の大建築である。われわれの意識にあるような門とはおよそ形も規模もちがう。そばで見ると、胴張りの柱（エンタシス）が勾配のゆるやかな軽快感のある二重の屋根を力強く支えている姿は堂々としてまことに頼もしい。中門の両脇に取り付く回廊は廊下のような長い建物で、廡廊《ぶろう》（廡はひさし）とも呼ばれた。内側の柱間《はしらま》（柱と柱の間）を吹き放しとし、外側の柱間を連子窓《れんじまど》にしている。

ところで、この中門は正面が四間、つまり中央部分の出入口のまん中に柱が立つという形式で、わが国の寺院の中門としてはめずらしい。出入口の中心に柱があるのは、聖徳太子の怨霊《おんりょう》を封じ込めるためと解した梅原猛説が有名であるが、梅原説以前にはこの中門は外から来る人を拒否するものだと解した人もいた。中門の中心に柱が立つことは人にさまざまな思いを起こさせるようだが、中国建築史の田中淡氏によると、中門の中央に柱があることは中国建築では正統的な形式で、柱の右より入り、左より出たのだという。

わが飛鳥・白鳳の寺院建築は中国建築を受容して成立したのであるから、法隆寺の中門の先例がすでに中国にあるかぎり、わが国で創案したと考えることはまず無理と思われる。

金堂

回廊内には東に金堂、西に五重塔が立っている。金堂は屋根が二重になっているため二階だての建物に見えるが、上重には床がない。仏教建築の特色は瓦葺き屋根ということになろうが、金堂の屋根は初重が寄棟造《よせむねづくり》で上重が入母屋造の形式である。仏教伝来以前のわが国の建物の屋根は今も神社の屋根がそうであるように切《きり》妻《づま》であった。ところで仏教建築では入母屋と寄棟が重要建築で使われ、切妻は格の低い建物に使用された。

重量のある上下二つの屋根を支えるため、柱をはじめ各部材が太いというのが金堂の特徴である。柱の上の組物が天秤《てんびん》の役割をして、軒先の荷重と屋根の荷重がうまくバランスをとるようになっているという。

わが国では寺の本尊たる仏像を安置するための建物を金堂と呼ぶが、中国では仏殿と称していた。先に記したように、楊衒之の『洛陽伽藍記』は洛陽第一の永寧寺《えいねいじ》の仏殿は天子が政務を執る正殿たる大極殿に似ていると指摘しているから、寺院でもっとも聖なる仏像を祀る建物は、天子のもっとも重要な宮殿の大極殿をモデルにしていたことがわかる。おそらくこの大極殿の建物構造がそのまま仏殿に採用され、さらにわが国でもつくられたのであろうが、法隆寺の金堂には外側の側柱《がわばしら》が一八本、内側の入側柱《いりがわばしら》が一〇本ある。つまりこの金堂は入側柱の内側の母屋《もや》と、そのまわりの入側柱と側柱との間の庇《ひさし》からなり、母屋に須弥壇《しゅみだん》をつくり仏像を安置して内陣とし、庇を外陣《げじん》とした。

寺院建築はいうまでもなく中国のものだが、金堂の側柱と入側柱の高さが同じであることは中国の宮殿建築の構法を伝えるものといわれ、上重の卍字崩の高欄も宮殿建築の装飾であり、漆喰壁《しっくいかべ》のない柱間《はしらま》には枠の内側に角材を縦にならべて組込んだ連子窓が取付けてあるが、これも中国建築伝統の窓である。また屋根を支えるために柱の上には組物がおかれているが、法隆寺のものは曲線形の雲形組物《くもがたくみもの》と呼ばれるめずらしいものである。

なお、この金堂の初重には裳階《もこし》がつけられているが、これは金堂の四隅の軒が完成後しだいに下がってきたからである。その原因は屋根を支える垂木《たるき》が平行垂木であったため、その部分の屋根の荷重がすべて隅木《すみき》にかかり、隅木を支える組物が支えきれなかったことによる。そこで金堂の四隅の柱の外に、軒が下らないようにつっかい棒として四角い柱を立てたが、外形上見栄えが悪いので、つっかい棒の柱を隠すため、逆にそれを利用して金堂のまわりに囲い、つまり裳階をつけたのである。

金堂の平面表記

金堂の平面をいうのに現在では桁行五間《けたゆきごけん》、梁間四間《はりましけん》と表記する。桁とは棟木と平行で垂木をうける部材であるから、桁行五間は建物正面の柱間、言い換えると間口《まぐち》の柱と柱の間が五つあるということで、梁間四間とは奥行の柱間が四つということになる。ただし、この柱間は側柱の柱間、つまり外陣の柱間のことである。

古く奈良時代における建物の平面表記は桁行梁間を「長四丈七尺五寸、広三丈六尺五寸」（『法隆寺伽藍縁起幷流記資財帳』の金堂）のように、丈尺で表わすことが多かった。しかし平安時代になると、丈尺で表記する例はほとんどなくなり、たとえば法隆寺金堂は「三間四面」（『七大寺日記』）のごとくなる。この「何間何面」が具体的にいかなる平面を指しているか、明治・大正時代は不明であったが、これに明快な解釈を示したのが足立康氏であった。

足立氏によると、「何間何面」の何間は母屋の桁行の柱間の数で、何面は母屋の周囲にある庇の数という。金堂の母屋は桁行三間梁間二間で、庇は母屋の周りの東南西北に四ついているから、三間四面という表記になる。こうしてみると、建物の平面表記において平安時代は内陣の入側柱の柱間を数え、現在は外陣の側柱の柱間を数えていることになろう。

ところで、この金堂には裳階がついているため、裳階部分に入るとあたかも金堂の外陣のように思える。だから金堂本来の内陣と外陣を合せた金堂の内部全体を当初から内陣と見立てていた可能性が強い。外陣の大壁・小壁の一二面にわが国唯一の壁画が描かれていたが、惜しくも昭和二十四年（一九四九）に焼失した。外陣をも内陣と見なして壁画を描くために、外陣の外まわりに裳階を加えて本来の外陣を保護したのではないかとも考えられる。裳階の取付けは軒が下ったためだけではなく、壁画の制作とも関係があったのではなかろうか。

五重塔

仏教建築の仏塔はわが国ではじめての高層建築である。この五重塔の高さは三一・五六メートルで、金堂の約二倍、今なら一〇階建のビルに相当する。初重の一辺の長さが上にいくほど減少し、五重目では半分になるという逓減率《ていげんりつ》のため、この五重塔の外観はきわめて安定感がある。さらに塔屋には天をも突き通すかのように黄金色に輝く相輪がのびていた。仏教をはじめて受容した当時の日本人にとって、巨大木造建築の仏教寺院はもちろんはじめて眼にする建物であったが、なかでも高層建築の仏塔ほど当時の人々を驚かせたものはほかにあるまい。はるか遠くからでも眺められる仏塔はまさに寺院を代表する象徴的な建物であった。

このような高層建築の仏塔の中心を貫く柱を刹《さつ》あるいは刹柱《さっちゅう》という。仏塔の柱の名称であった刹がやがて仏教寺院そのものを意味する語となったのは、仏塔が寺院を代表する建築であり、シンボルであったからであろう。今も古くからのまた由緒ある寺を古刹・名刹と呼んでいるのはそのためである。

仏塔は釈迦の遺骨、つまり舎利を安置した建物で、インドではスツゥーパと呼ばれ、信仰の対象であった。このスツゥーパを漢訳（音写）したものが卒塔婆《そとば》あるいは浮図《ふと》と表記され、前者を省略して塔婆・塔ともいうのである。わたくしは仏塔を仏陀の塔という意味で使っている。

五重塔と塑像

五重塔の初重内部は中央に心柱たる刹柱が立ち、その周りに四天柱《してんばしら》が、さらに外側に一二本の側柱《がわばしら》が立つ。したがって五重塔の平面は三間四方の正方形となる。

四天柱の側面に長押《なげし》を打ちつけ、上に板を張って仏壇とし、四天柱と刹柱を覆いかくすように塑土で塑壁《そへき》をつくり、仏壇の上に東、南、西、北の四つの舞台をこしらえ、それぞれ唯摩《ゆいま》詰像土《きつぞうど》（東面）、涅槃像土《ねはんぞうど》（北面）、分舎利仏土《ぶんしゃりぶつど》（西面）、弥勒像土（南面）を塑土でつくる。これらの塑像群がつくられた和銅四年（七一一）には五重塔も完成していたとするのが通説である。

仏塔は高層建築ではあるが、けっして人が登るための建物ではないので、二重以上は塔内をつくることはない。つまり塔内の中央を刹柱が貫き、各種部材がむき出しのまま縦横に組み合わさっているため、まるで未完成のようである。

五重塔のデザインや構造の特色は金堂とほとんど同じだが、建築史家は五重塔の建立は金堂よりもかなり遅れると判断している。五重塔は逓減率《ていげんりつ》が大きいため、上重にいくほど塔身が小さくなっているため、組物の間隔がせまくなり、種々の工夫がなされている。また金堂と同じく裳階がつけられているが、デザイン上のことから金堂に倣《なら》ったものであろう。しかし五重塔の場合も、初重に塑壁と塑像を安置したこととも関係があったのではあるまいか。

心礎と舎利安置

仏教建築の柱は基壇の上に据えられた礎石の上に立つのが原則であるが、七世紀に建立された仏塔の多くは地中に心礎を埋めていたため、心柱は掘立式であった。もともと掘立の心柱を立てるのは中国六朝以来の伝統でもある。五重塔の心礎は地表から約一・二メートル、基壇上面から約二・七メートルの位置に据えられている。

この五重塔の心柱の掘立部分が腐朽して空洞になっていることが発見されたのは大正十五年（一九二六）のことである。その結果、地中の心礎の上に降り立つことができ、心礎上面に穿《うが》たれた舎利孔の中から舎利容器に納められた舎利が発見された。まさしく仏塔は釈迦の遺骨を埋葬した墓であった。

法隆寺の舎利の場合、舎利容器が心礎の中央部に円錐形に穿たれた舎利孔の中に安置され、その舎利孔は鋳銅製の蓋でふさがれ、その上に心柱が立っていた。したがって心柱が

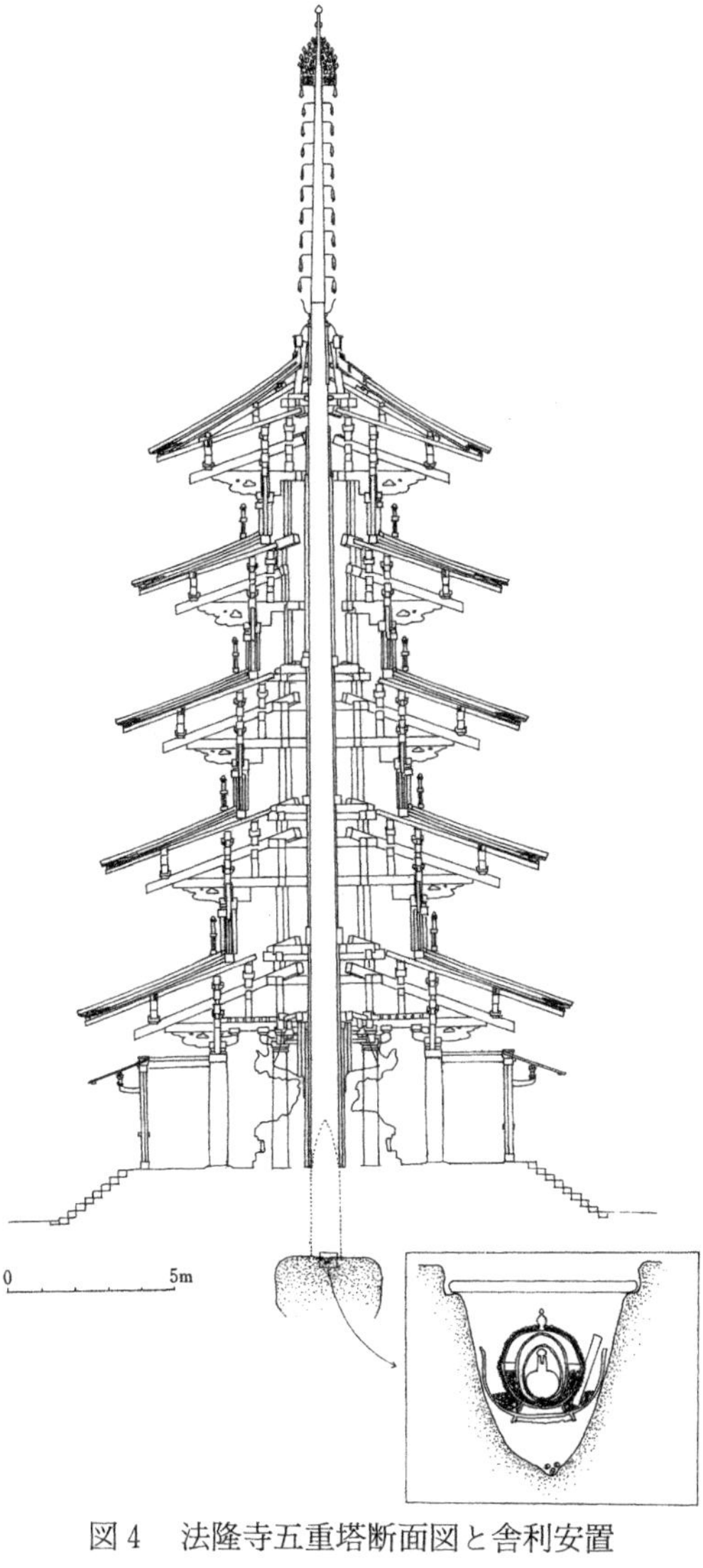

図 4　法隆寺五重塔断面図と舎利安置

立っているかぎり、二度とふたたび陽の目を見ることはない。しかし偶然のいたずらか、掘立部分の心柱が腐朽して空洞化したため、われわれに一三〇〇年前の信仰の遺産を提供することになったのである。

舎利の荘厳《しょうごん》は中国六朝以来の伝統にのっとったもので、舎利そのものは瑠璃瓶《るりへい》（緑ガラスの瓶）に収め、これを金の透し彫りの卵型の容器に入れ、さらにこれらを銀製透し彫りの卵型の容器に収め、これらを鍍金《ときん》の銅製の合子《ごうす》（身と蓋《ふた》からなる小さな容器）に入れて外側に鎖をかけ、最後に銅製の大鋺《おおかなまり》内に収めていた。合子と大鋺内には容器とともに玉類や香木などが納められ、さらに舶載の白銅製海獣葡萄鏡が大鋺に置かれていた。

小杉一雄氏によると、六朝時代の舎利荘厳はガラス・金・銀・銅の容器のほかに、最後は石函に納めたという。この点についてわたくしは、心礎に舎利孔を穿ってそこに舎利容器を納めているのは心礎が石函の代りをつとめていたと解せるので、法隆寺の舎利安置法は六朝以来の伝統のものといえよう。

仏教寺院の色彩

現在法隆寺西院伽藍の金堂や五重塔、さらに中門や回廊を見回しても、どこにも鮮やかな色彩というものがない。漆喰壁の白色だけがやけにはっきりと眼に飛び込んでくるが、屋根の瓦は暗く、木造部分は枯木のごとく、金属部品は錆がすすみ、伽藍全体が落ち着いた雰囲気をかもし出している。

西院伽藍に立てば誰しもこうした印象をもつであろうし、これが日本人の精神的な美意識の「わび」「さび」に通じるものだと思うだろう。奈良や京都の古寺を訪れると、多かれ少なかれいずれの寺にも色褪《いろあ》せた堂塔が立ち、そこには落ち着いた雰囲気がただよっている。このような雰囲気に浸りたいがために、奈良や京都の古寺を散策する観光客は昔も今も多い。

しかしながら、すでに記したように仏教寺院は今の人には信じられないくらい明るく華やかな色彩に彩られていたのである。法隆寺の場合も、太い柱は朱色、垂木の先端は黄色、連子窓は緑色、仏塔の相輪をはじめ金属部分はいずれも金色というように、建物全体が鮮やかな色彩におおわれていた。しかし色彩といえば極め付きは何といっても金堂内の壁画であろう。

大小一二面の外陣の壁面には阿弥陀の浄土や釈迦の説法の図などが、赤・緑・黄の原色を基調に華やかに描かれ、まさに色彩の洪水であった。建物の鮮やかな色彩といい、堂内の壁画の華やかさといい、どれも本尊たる釈迦三尊をただひたすら荘厳するためのものであった。

この世のものとは思えないほどに絢爛豪華に荘厳する、これこそが宗教なのである。現在の落ち着いた雰囲気の西院伽藍から、絢爛豪華な西院伽藍を想像することはなかなかにむずかしいが、これも事実である。

古代寺院と「わび」

飛鳥・白鳳・天平時代に建てられた寺院の堂塔はいずれも明るく華やかな色彩に彩られていたが、長年月にわたって風雨に曝されていると、当然ながら色褪せてしまう。そこでそれぞれの寺院は定期的に修繕しなければならなかったが、平安・鎌倉時代のころまでは比較的よく修理されていた。それが室町時代以降はすっかり減ってしまい、彩色が剝げ落ちてもそのままとなり、いつしか古色蒼然となった。容れ物の堂塔がそのままなら、中に置かれていた仏像も金箔や彩色がとれても顧みられることはなかった。今われわれが眼にしているものは、このような建築であり仏像なのである。

ところで、「わび」は本来、失意・落胆・困惑など厭うべき心身の状態を表わす言葉であったが、戦国の世がつづき、禅宗や茶道が広がってくると、厭うべき心身の状態をあえて認め、さらに不足の美として「わび」という語を使うようになった。こうしていつしか古寺のたたずまいにこそ、日本人の精神的な美意識があると誰もが思うようになったのである。

わが古代の仏教寺院の色彩鮮やかな勇姿を見たいなら、ぜひとも西の京の薬師寺を訪れるとよい。薬師寺では創建当初の伽藍を復興すべく、昭和五十一年（一九七六）にまず金堂が完成し、つづいて西塔・中門・回廊が建てられ、今また講堂の建立にとりかかっている。朱色の柱に黄色の垂木、緑色の連子窓、そして金色にかがやく西塔の相輪など、大和特有の白っぽい大地に美しく映え、われわれを天平の彼方に誘ってくれる。

飛鳥寺の発掘

飛鳥寺の伽藍配置

創建当初の飛鳥寺《あすかでら》の伽藍《がらん》は鎌倉時代のはじめの建久七年（一一九六）六月十七日に雷火のために焼失し、わが国初の記念すべき仏教建築はこの地上から姿を消してしまった。以後、飛鳥寺にいかなる堂塔がどのように配置されていたかについて誰も言及することができず、現在の飛鳥寺には江戸時代の現本堂と観音堂・鐘楼があるのみで、当初の伽藍をうかがうことはできないのである。

古文献の記す飛鳥寺伽藍

もっとも文献史料には、飛鳥寺の堂塔に関して次のような記載があった。まず『日本書紀』孝徳天皇即位前紀（六四五）には古人大兄《ふるひとおおえ》が「自ら法興寺の仏殿と塔との間に詣《い》でまして鬚髪《ひげ》を剔除《そ》りて、袈裟を披着《き》つ」と書かれている。法興寺つまり飛鳥寺の仏殿と塔との間という表現は、仏殿と塔が隣りあっていることを意味する。ただし、その並び方は塔と金堂が南北に並ぶ場合（四天王寺式配置）、金堂が東に塔が西に並ぶ場合（法隆寺式配置）、金堂が西に塔が東に並ぶ場合（法起寺式配置）の三種類があって、いずれかに決定することは残念ながらできない。しかしながら、この『日本書紀』の記載は戦前の研究者からは注目されていた。

反対にほとんど注目されなかったのが次の文献であった。平安時代の『聖徳太子伝暦』敏達《びだつ》天皇十三年（五八四）秋九月の条には、百済《くだら》より将来の弥勒《みろく》石像について記し、「今古京の元興寺東金堂に在り」と割注している。古京の元興寺《がんごうじ》すなわち飛鳥寺には東金堂なる堂宇があったらしいが、『扶桑略記《ふそうりやつき》』はこの弥勒石像は「今元興寺の東堂に在り」と、また『七大寺巡礼私記』も「仏法本紀」なるものを引用して、弥勒石像は「古京元興寺の東堂に在り」と記している。さらに『建久御巡礼記』にも弥勒石像は「本元興寺ノ東金堂ニ安置」と記されている。

この四種の文献を見るかぎり、飛鳥寺には弥勒石仏を安置していた東金堂が立っていたことになる。先に述べたように戦前の研究者はこれらの文献についてはほとんど注目しなかった。なお、『扶桑略記』と「仏法本紀」の元興寺の東堂は東金堂のことであろう。

先学の推測した伽藍配置

昭和三十一年（一九五六）の飛鳥寺の発掘調査以前に、飛鳥寺の伽藍配置について見解を発表した最初の人は、法隆寺再建非再建論争で有名な喜田貞吉氏である。発掘調査で伽藍の全貌が判明した以上、それ以前の見解を紹介してもあまり意味がないと思われるかもしれないが、乏しい資料しかなかった戦前において飛鳥寺の伽藍をどのように考えていたかをまずみておきたい。

明治四十五年（一九一二）喜田貞吉氏は、前掲『日本書紀』孝徳天皇即位前紀の古人大兄が法興寺の仏殿と塔との間で剃髪したという記載から、飛鳥寺は塔と金堂が東・西あるいは西・東に並列するか、南・北に位置する伽藍配置であったと主張した。ところが、会津八一氏は古人大兄が剃髪したのは「仏に願をかけて坊主になるのだから、勿論仏殿の正面でなければならない」とし、仏殿の正面で、しかも仏殿と塔との間という『日本書紀』の記述を充たすものは、仏殿と塔とが北・南に並ぶ四天王寺式伽藍配置であったというのである。仏殿と塔が東・西あるいは西・東に並ぶ間で剃髪しても、仏前でないかぎり宗教的には何も意味がないと断言する。なかなかに鋭い解釈だが、この会津説は戦前の早稲田大学の東洋美術史における講義であったため、一般には知られていない。

だからというわけでもないが、『日本書紀』以外の文献を見つけ出して補強しようとしたのが福山敏男氏であった。福山氏は昭和九年（一九三四）、法隆寺の僧顕真《けんしん》が記した『聖徳太子伝私記』は飛鳥寺の四つの門に元興寺・飛鳥寺・法万寺・法興寺という額があったことを述べているが、その中の飛鳥寺の名が西門と金堂にあてられ、法万寺の名が東門と塔にあてられていることから、西に金堂、東に塔がある法起寺式伽藍配置であろうと推測した。

飛鳥寺の四門の額に関する記述は『聖徳太子伝私記』の下巻に載っており、下巻は延応（一二三九）から寛元（一二四三）に至る数年間に書かれたもの（上巻の成立は嘉禎四年・一二三八）という。すると『聖徳太子伝私記』は飛鳥寺が雷火で焼失した建久七年（一一九六）より四〇年も後の成立であるから、顕真が焼失前の伽藍を実見して記したとはとうてい思えない。そのような史料に拠っているところが福山説の弱点であろうか。

石田茂作氏の飛鳥寺調査

戦前、フィールドワークによって飛鳥時代の寺院の研究を進展させた石田茂作氏が、はじめて飛鳥寺を訪れたのは大正六年（一九一七）のことという。飛鳥大仏というから気負いこんで行くと、東大寺大仏とは比較にならぬ小像で、しかも小堂の格子の中に塵芥にまみれていた。また心礎の中に舎利を収めて刹柱を建てた塔の跡はどこであろうか。中大兄が蹴鞠をしたという槻《つき》の木はどの辺だったのかと思いをめぐらせたという。

石田氏は後年「交通不便のせいか、人は素朴、土地も千年の夢をまだ見ているように静かで虚ろで、川に岡に、石に木に、飛鳥の匂がききとられるようでなつかしかった」と、静かな農村風景の飛鳥寺周辺を伝えている。

石田氏が最初に飛鳥寺を調査したのは昭和三年（一九二八）で、再度調査したのは昭和八年のことで、当時晋山したばかりの新住職とともに埃まみれの飛鳥大仏の塵払いをしたという。雑巾で仏体を拭くのはもったいないといって、藁《わら》縄でタワシをつくり、仏体に水をかけてはこすった。すると普通の銅鋳と思っていたが、部分的にはたびたび鋳改めたらしく、鋳続きの痕があらわれたという。今なら考えられないようないささか乱暴な取扱いであるが、これも一つの灌仏と思えばのんびりした時代の様子が伝わってくるようで、いかにもほほえましい。この灌仏の結果、石田氏は飛鳥大仏に関する驚くべき知見を得ることとなったのである。

飛鳥大仏の新知見

灌仏の結果、鋳続きの鬆穴に紙を貼って墨を塗っている部分や、ひび割れに泥を込めて同じく紙を貼って墨を塗った部分があって、左手は木でつくって挿し込み、それに紙を貼って墨を塗っており、また顔の部分にはあとから銅板を打ちつけたところが見つかり、螺髪《らほつ》には銅製にまじって粘土製で墨を塗り糊づけしたものまでがあった。

しかし最大発見は頬のあたりに水をかけてこすると、ピカリと光る鍍金の痕があらわれたことで、石田氏はこれこそ『日本書紀』推古十三年（六〇五）条に高麗の大興王が日本の天皇が仏像をつくると聞いて黄金三〇〇両を送ってきたという記事に符合するものと直感し、奇跡的な残存に感動したという。そこで、姑息な修理の仏像ではあるが、部分的には鳥仏師作の銅丈六像そのものであることをまず思った。

そこであらためて飛鳥大仏を熟視すると、眼の形は飛鳥仏特有の杏仁様で、唇も上反りで、右手の指の爪が長いことは法隆寺金堂の釈迦像や戊子年銘釈迦像等の飛鳥時代の如来像の指の爪の長いという事実に立脚すれば、「今の像が一見俗悪にして製作も拙劣のように見えるけれども、それは火災のための災害を乗りこえて、費用をかけずに古い像を後世に伝えようとした、里人の切なる願いによるもので、部分的の後補は多いとはいえ、その本体こそ所伝の鳥仏師造の釈迦像に間違いないと思った」（『飛鳥随想』学生社、昭和四十七年）。そこで石田氏は仏像写真家の飛鳥園小川晴暘氏に電話をかけ、飛鳥大仏の写真撮影を依頼した。この写真が契機となって、今まで美術史的には誰も取り挙げなかった飛鳥大仏が再認識され、戦前の国宝（現重要文化財）に指定されたというのである。

石田茂作氏の伽藍配置

話は飛鳥寺の伽藍配置から石田茂作氏による飛鳥大仏の調査へとそれてしまったが、飛鳥寺に関する調査はこの石田氏をもって嚆矢《こうし》とする。石田氏は灌仏による調査だけでなく、飛鳥大仏の台座を調査し、境内や周辺から出土した礎石や古瓦、さらに周辺の字名《あざめい》に注目し、飛鳥寺当初の伽藍配置についても考察した。それまでは文献のみによる伽藍配置へのアプローチだったが、石田氏は現地を訪れフィールドワークを実施したのである。

石田氏は、現本堂の柱の下に使用されている礎石は造出《つくりだ》しのある立派なものであるし、また飛鳥大仏の台座を調べると、それは煉石《ねりいし》を積重ねてつくられ、創建当時そのままのものと見られたので、現本堂は後世のものであってもこの位置こそが飛鳥寺の金堂の跡であると推測した。また境内の西の入鹿《いるか》の首塚の南北に字「トノモト」と称する飛地が二ヵ所あるが、これは塔址を暗示するものではないか。すると金堂の西に塔があって、『日本書紀』の例の古人大兄が剃髪した仏殿と塔との間という記述とも齟齬《そご》しない。

次に飛鳥時代の伽藍の講堂の位置は金堂と塔を結ぶ中央より直角に北に引いた線上にあるのが常である。現本堂の西北の浄土宗来迎院の裏藪を踏査すると、四尺の隆起をもっていて、近くの井戸端に移動した礎石もあることから、この裏藪は講堂址の東端をのこすものかと考えられる。このように推測してくると、飛鳥寺は法隆寺式伽藍配置ではないかというのである。

もちろん戦後の発掘調査の結果からすると、石田氏の飛鳥寺の伽藍配置は認められないが、飛鳥大仏の位置が創建当初から動いておらず、現本堂は当初の金堂の跡に建てられたことや、講堂も今の来迎院の地に立っていたことは戦後の発掘ではっきりして、石田氏の

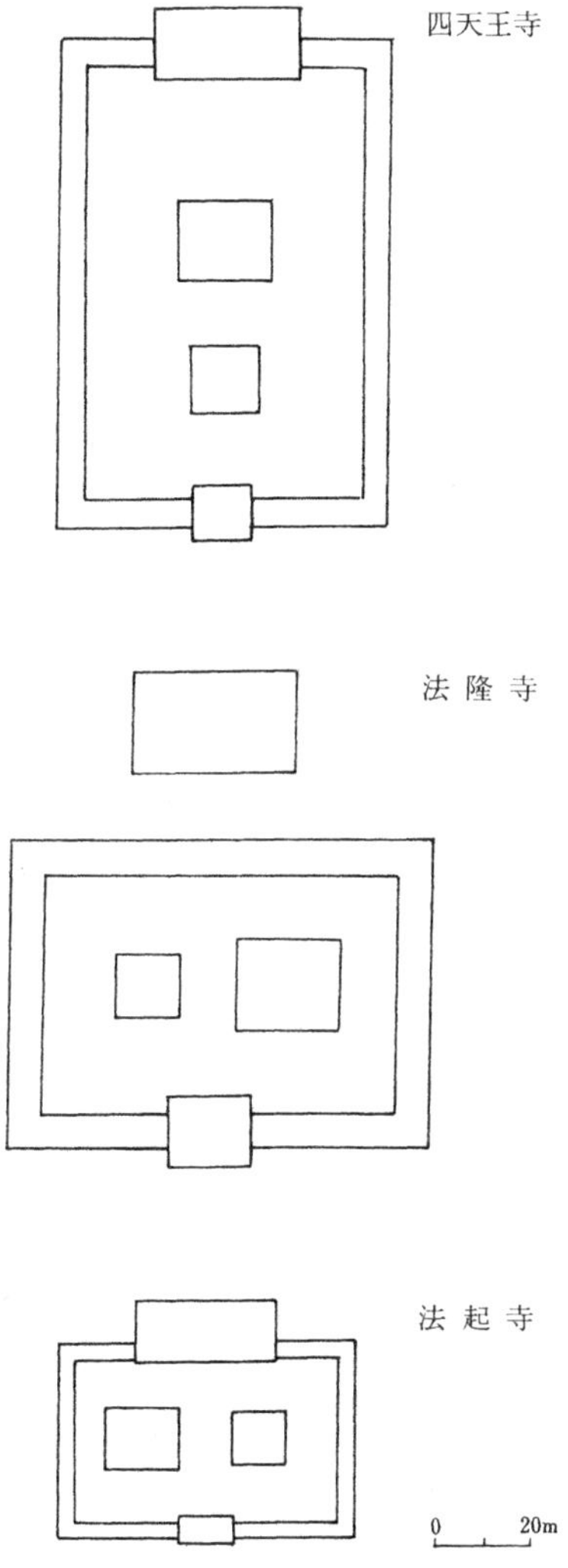

図５　７世紀の伽藍配置

見解は実証されることとなった。

石田茂作氏の見解が加わって、戦前の飛鳥寺の伽藍配置に関しては四天王寺式・法起寺式・法隆寺式の三つの説が出揃うことになった。

四天王寺式伽藍配置への期待

しかし、昭和十四年（一九三九）に明治以来およそ五〇年もつづけられていた法隆寺再建非再建論争の決着をつけるべく、法隆寺若草伽藍の発掘が石田氏自身の手でおこなわれた。地下から姿を現わしたのは四天王寺式の創建法隆寺の遺構であった。その結果、四天王寺式の伽藍配置が法起寺式や法隆寺式よりも古いことが判明したのである。

一方、昭和十五年ごろから韓国の百済の都扶余《ふよ》で発掘された三国時代の寺院址がいずれも四天王寺式であったため、藤沢一夫氏はわが国に仏教を伝えた百済の寺院が四天王寺式であるなら、わが国最初の寺院の飛鳥寺の伽藍配置も四天王寺式伽藍配置であった可能性が強いと指摘された。こうして、飛鳥寺の伽藍配置は四天王寺式であろうという暗黙の了解が、昭和三十一年（一九五六）の発掘調査の前にはできていた。

四天王寺式伽藍配置とは、大阪の四天王寺に見られる中門・仏塔・金堂・講堂が南北に一直線に並ぶ伽藍配置のことである。これは七世紀前半の飛鳥時代に多く見られる伽藍配置で、わが国に仏教を伝えた百済でも定林寺・扶蘇山廃寺・軍守里廃寺・金剛廃寺・西腹廃寺等すべてわが国でいうところの四天王寺式伽藍配置であった。

中国の伽藍配置

中国で華々しく仏教文化が花開いた南北朝時代に建てられた寺院は、再三述べてきたように今は何一つのこっていない。仏教文化がもっとも隆盛した北魏の都の洛陽を、北魏が滅んで一二年後の武定五年（五四七）に訪れた楊衒之はあまりの荒廃さに心をいため、かつて隆盛を極めた仏教寺院のことを後世に伝えるために『洛陽伽藍記』を執筆したという。

われわれはそのお蔭で何一つ現存しない中国南北朝時代の寺院について、文字によってではあるが垣間見ることができるのである。すでに紹介した洛陽第一の永寧寺では九重塔の北に仏殿が一つあったというが、これは塔と金堂が南北に配されたものにほかならず、永寧寺こそ今いうところの四天王寺式伽藍であったことがわかるのである。

もう一つ四天王寺式伽藍配置を想起させるものとして、北魏の平城（今の大同）時代につくられた雲岡石窟《うんこうせっくつ》をあげることができる。

現在第六洞と呼ばれている石窟は一度見ると忘れられないような印象的な石窟で、きわめて正確な設計図を引いてつくったことが想像できる。前室、つまり南から主室に入ると、洞内の中央に床から天井に連なる大きな方塔がつくられ、その四面全体に無数の大小の仏像が彫りつけられている。入口側の南の壁と東・西側の壁は床から天井に至るまで一二のの帯状に区画されているが、その全面に規則正しく大小さまざまの仏像が刻み込まれているのである。空間充塡主義ともいうべきこの仏像のオンパレードにはいささか辟易《へきえき》するが、洞内の一番奥、つまり北壁であるが、この上層部分は南・東・西壁と同じである。しかも下層部分には二本の柱つきの楣拱《びこうけい》形の大龕《だいがん》がつくられ、その中に大きな三尊仏が安置されている。

このような第六洞の主室を今一度見ると、主室の中央部分にそびえる方塔は一般寺院の回廊内に立つ仏塔のように思える。すると壁が回廊のように思われるのであるが、南と東の壁の床から二番目の層帯には瓦葺の建物が、軒には組物を見せながら左右に連なっている。西壁の下層部分は壁面が剝落して不明だが、当初は瓦葺の建物が南壁の入口の両脇から東壁西壁を経て北壁にまで達していたはずで、この瓦葺の左右にのびる建物は回廊とみてまちがいあるまい。つまり北壁下層の龕内の大きな三尊仏は仏殿（金堂）内に置かれた仏像で、第六洞は四天王寺式の伽藍を石窟内に再現したものということになろう。

このように永寧寺の伽藍や雲岡石窟の例からすると、日本でいう四天王寺式の伽藍配置は中国南北朝時代にはたしかに存在していたことになろう。

わたくしはすでに本書の中で、何度も洛陽の永寧寺のことを記してきた。というのも、わが飛鳥仏教美術の源流は中国南北朝時代にあるが、その南北朝時代の寺院が何一つ現存せず、『洛陽伽藍記』の記す永寧寺が飛鳥時代寺院を検討するときもっとも参考になるからである。

仏教都市洛陽

中国で最初に仏教文化の華麗な花を咲かせたのはこの南北朝時代であった。北方鮮卑《せんぴ》族の拓跋《たくばつ》氏が建国した北魏は、孝文帝が漢化政策の一環として太和十七年（四九三）に北方の平城から漢民族伝統の都である洛陽に遷都した。当時洛陽には寺院がわずか四二しかなかったという。それからおよそ一〇〇年後の七世紀前半のわが飛鳥時代に建てられた寺院は五〇ほどであったというから、洛陽の四二はけっして少なくはない。

遷都から三九年にして洛陽の寺はなんと一三六七にもなっていた。われわれ日本人には信じ難い数字だが、さすが富める国中国ならではのことといえよう。このような洛陽の仏教隆盛は孝文帝と次の宣武帝、その妻の霊太后胡氏、さらに宦官《かんがん》の劉騰たちに負うところ大であった。宣武帝は仏教教理にも通じ、『維摩経』の講義をしたという。皇帝の勅願寺に景明寺・瑶光尼寺・永明寺があり、宦官たちがつくった寺に昭儀尼寺・明懸尼寺・景興尼寺があった。宦官たちの寺が尼寺とはまことにいけ好かないではないか。しかし洛陽第一の寺といえばやはり霊太后の永寧寺であろう。

楊衒之は『洛陽伽藍記』の中で、永寧寺について次のように書き記している。

洛陽永寧寺

この寺には九重塔《くじゅうのとう》が一つあるが、木造で高さが九〇丈、頂きには相輪が一〇丈、あわせて地上一〇〇〇尺あった。屋根の四隅には風鐸《ふうたく》が一三〇吊され、塔身の各面には三つの戸と六つの窓があって、戸はみな朱の漆塗りで、その上にはそれぞれ金の釘五四〇〇個が五列に打ちつけられ、さらに金環鋪首がついていた。その造形の巧はとうていこの世のものとは思えないもので、見る人の目を驚かし、心をゆさぶった。

またこの塔の北には仏殿が一つあって、形は大極殿に似ており、中には一丈八尺の金の仏像と等身大の金像一〇軀・真珠と刺繍を施した仏像三軀・織仏像五軀が置かれ、そのつくりのすばらしさは当代一のものであった。

僧房と楼観《ろうかん》あわせて一千余間（間は部屋）、種々の彫刻を施した梁《はり》と白い壁、装飾された窓の美しさは言葉では言いつくせないほどである。栝《びゃくしん》や柏・椿・松などの植込もみごとで、須弥《しゅみ》の宝殿も兜率《とそつ》の浄宮もかくやとばかりであった。

寺の周囲の築地塀《ついじべい》は短い椽《たるき》を組んで瓦を葺き、これも今の宮殿の塀のようである。東西南北にそれぞれ門が一つあって、南大門は三層で三道を通じ、その外観は今の端門に似ていた。南大門には雲の図や仙人神霊が色鮮やかに描かれ、三道のうち両側の道の通る門内には四力士と四獅子が置かれていた。また東西の二門は二層だったが、北の門だけは楼閣がなく、烏頭門《うとうもん》に似ていた。

『洛陽伽藍記』の著者楊衒之は実際洛陽にあって、各寺院を実見した人で、その記述は相当にたしかであるが、永寧寺の九重塔の高さは誤記である。というのも一〇〇〇尺とすると優に三〇〇《メートル》にもなり、木造で東京タワーはできないからである。他の文献によると半分の五〇〇尺のようで、これなら一五〇《メートル》となり、建てることは可能である。

わたくしも洛陽郊外の永寧寺九重塔の跡を訪れたことがあるが、一辺五〇《メートル》ほどの土壇が畑の中にのこっていて、高さ九〇《メートル》の東大寺七重塔の基壇の一辺がおよそ二五《メートル》であることを想い出し、あまりの規模の大きさに圧倒されてしまった。世界最大の木造建築である現在の東大寺大仏殿はおよそ間口五〇《メートル》、奥行五〇《メートル》、高さ五〇《メートル》ほどであるから、かつての永寧寺九重塔はちょうど東大寺大仏殿の上にあと二つ大仏殿を積み上げたほどの高さであったと思われる。このように想像すると、永寧寺九重塔は規模にしても高さにしても世界一の建築であった。

なおこの九重塔は建立後一七年の永熙三年（五三四）二月、雷鳴とどろき霰《あられ》まじりの雪が降る中で落雷し、第八層から火を発して焼け落ちてしまった。このとき三人の僧が火中に身を投じて塔に殉じたが、火は三月たっても消えず、地中の掘立柱は一年もくすぶっていたという。

飛鳥寺の発掘調査

発掘の契機

飛鳥寺《あすかでら》の発掘調査は、飛鳥寺が飛鳥時代創建という年代の明らかな寺院であるため、学問研究の上からも強く要望されていたが、直接の契機となったのは十津川・紀ノ川総合開発の一環として大和平野農業用水路工事が実施されることとなったからである。つまり、この導水路予定線が飛鳥地方の宮址や寺院址の遺跡を破壊する恐れがあったため、事前に調査して可能なかぎり遺跡を避け、不可避なものについては記録にとどめるべく、奈良国立文化財研究所が調査を担当することとなった。その第一着手が飛鳥寺の発掘調査であった。

調査は昭和三十年度夏より飛鳥地方の航空測量をおこない、飛鳥寺周辺の一〇〇〇分の一の地図を作製することからはじまった。また具体的にどの地点から掘るかという問題をきめるために、戦前石田茂作氏が飛鳥大仏は当初から動いていないと指摘していたことの確認のため飛鳥大仏の裾まわりの調査をした。石田氏が煉石の積み重ねといっていた台座部分は後補の凝灰岩《ぎょうかいがん》であったが、その下に本堂の現内陣一杯に据えられていた大きな花崗岩は当初のもので、その位置も動いていないことがわかった。したがって現本堂も飛鳥寺の金堂の位置に建てられたことがわかり、発掘の方針がきまったのである。

飛鳥大仏の位置が当初のままで、現本堂が飛鳥寺の金堂の跡に立っているということはすでに戦前石田氏が指摘していたことだが、発掘に先立つ予備調査であらためて実証されることになった。なお、発掘調査は三次にわたって実施され、第一次調査は昭和三十一年（一九五六）五月一日より六月末日まで、第二次調査は同年十一月二十五日より翌三十二年三月十四日まで、第三次調査は同年七月五日より八月十二日までおこなわれた。

発掘開始　昭和三十一年五月一日に発掘がはじまった。現本堂を飛鳥寺の金堂跡と推定して掘りはじめると、金堂の基壇はすぐに確認することができた。ここには現本堂が立っているから十分な調査はできなかったし、本堂の正面は本堂を建てるための工事で荒れていたが、東と南と北で玉石を敷いた雨落溝を検出した。

その結果、金堂の基壇は正面（東西）が二一・二メートル、奥行（南北）一七・五メートルの大きさで、法隆寺金堂の二〇・五メートル×一七・二メートルと近似していることがわかった。しかし基壇の上面は後世に削られて礎石はなく、柱の位置を知ることはできなかった。

次に飛鳥大仏のま正面に、南に向う幅二・九メートルの石敷の参道がみつかり、参道の途中には白大理石の灯籠の台石がのこっていた。創建当初のものならわが国最古の灯籠ということになる。

この参道は南にのびること一一メートルで大きな長方形の花崗岩にぶつかり、この周辺から玉石敷の雨落溝が検出され、一辺一二メートルの正方形の塔の基壇が確認された。金堂の南に塔があったということは、調査団にとって予想通りのことであった。つまり飛鳥寺は四天王寺式伽藍配置という予測はここまではたしかに当っていたのである。

法隆寺五重塔の一辺は一二・五メートルだから、飛鳥寺の塔はやや小さいが、それでも法隆寺五重塔とほぼ同規模の五重塔が立っていたのではあるまいか。なお基壇の上面はすべて削られ、さらに近年の土採りや瓦溜で荒らされていたが、基壇の南北には階段が設けられ、先ほど記した大きな長方形の花崗岩はその一部であった。

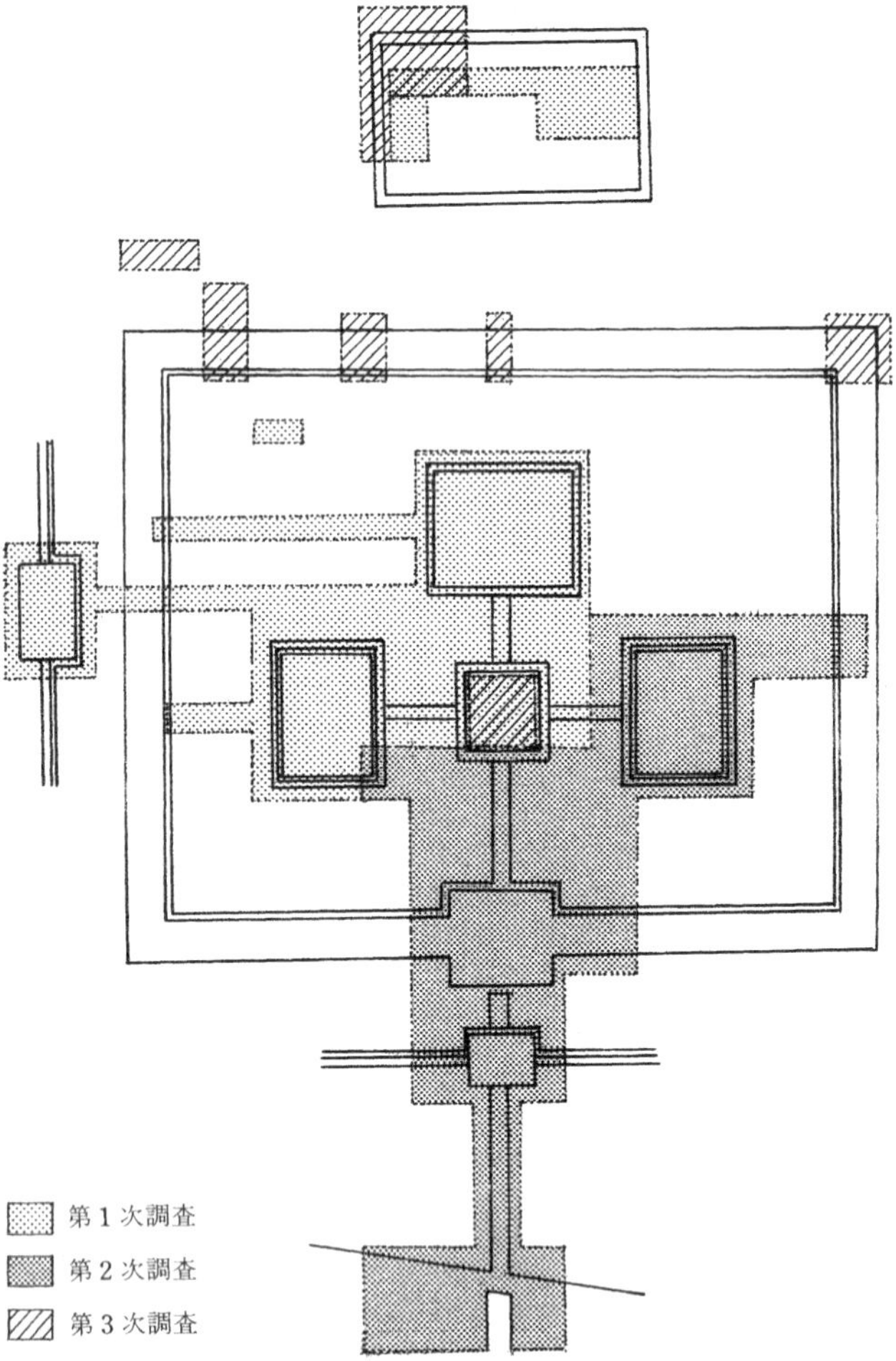

図 6　飛鳥寺発掘経過図

調査団は金堂の南に塔という伽藍配置を確認できたので、次は塔・金堂を囲んでいたはずの回廊の跡を発見すべく、金堂址から西へトレンチ（試掘溝）をのばしたが、どうしたことか、西回廊の想定地点に達してもそれらしき建物跡はみつからなかった。わずかに飛鳥寺創建以前の住居址の一部と、先年掘り出した礎石から西門跡を発見しただけだった。

回廊跡を求めて

そこで次は塔の中心から西へトレンチをのばすと、塔の中心から三六メートルの地点で瓦が積み重なっていて、東側がわずかに高くなっているのをみつけ、調査団はこれこそ回廊跡と俄然色めき、南北に掘り広げると、南では瓦の堆積があったが、北ではなにも見当らなかった。回廊基壇の発見は困難をきわめたのである。当時の調査団の当惑ぶりが偲ばれるが、やがてこの回廊基壇とみていた線が東に曲ることがわかった。つまりこれは回廊でなく、独立した建物ではないかという可能性が強くなり、もう一度掘りなおすことにしたという。

発掘当初誰一人想像できなかった一棟の建物跡が塔の西から発見され、後に東金堂に対する西金堂であることが確認された。こうして、飛鳥寺は四天王寺式伽藍配置だったという推測は発掘という事実の前にもろくも崩れ去ったのである。

なお、この西金堂の基壇は玉石積の上成基壇と板石をならべた下成基壇からなる二重基壇の一種で、上成基壇上の礎石はすでに抜き取られてなかったが、下成基壇には小礎石があった。このような二重基壇はわが国では例がなく、高句麗の清岩里廃寺や百済の定林寺・扶蘇山廃寺・錦城山廃寺、新羅の皇竜寺などに見られ、朝鮮半島特有の建築様式のようである。

第一次調査の成果

第一次の調査では、このほか現本堂の北側にある浄土宗来迎院の境内の竹藪の中から巨大な礎石のある講堂跡を確認して、二ヵ月にわたる第一次調査を終えた。この調査では飛鳥寺の伽藍配置が四天王寺式ではなかったということが最大の発掘成果であった。同時にあらたな建物、すなわち西金堂の発見は誰をも驚かせたが、しかもこの建物の基壇が朝鮮半島で多く見られる構造の二重基壇で、もちろんわが国でははじめてのものであった。

下成基壇に置かれていた小さな礎石が何を支えていたかについては、深い軒の出を支える支柱、あるいはさしかけ程度の庇の柱のほかに、裳階《もこし》の柱などの説がある。本来の柱のほかに小さな柱を補助的に用いていたとすると、この建物の外観はあまり見栄えはよくなかったと思われる。

ところで、基壇の外装の仕上げとしてはこの西金堂のように玉石を積んだ玉石積基壇や、瓦を積んだ瓦積基壇、切石を積んだ壇上積基壇の三種類がある。飛鳥寺では塔と金堂が壇上積基壇で、法隆寺の五重塔と金堂も壇上積であるが、法隆寺の場合は壇上積基壇の外周に一段低い基壇があって、これも二重基壇と呼んでいる。西金堂は玉石積の二重基壇で下成基壇には小さな礎石を置くことなどからして、塔や金堂の基壇と比較すると見劣りのす

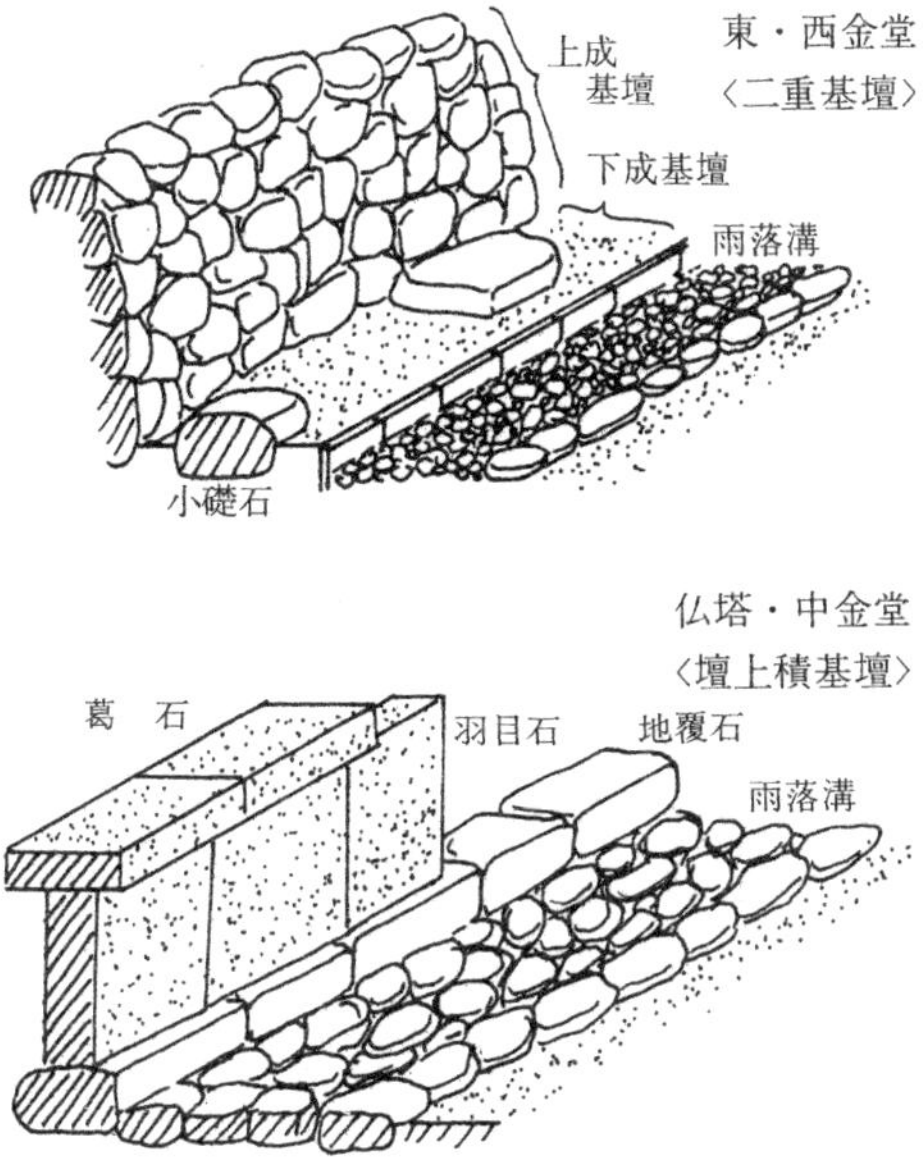

図７　飛鳥寺の基壇二種

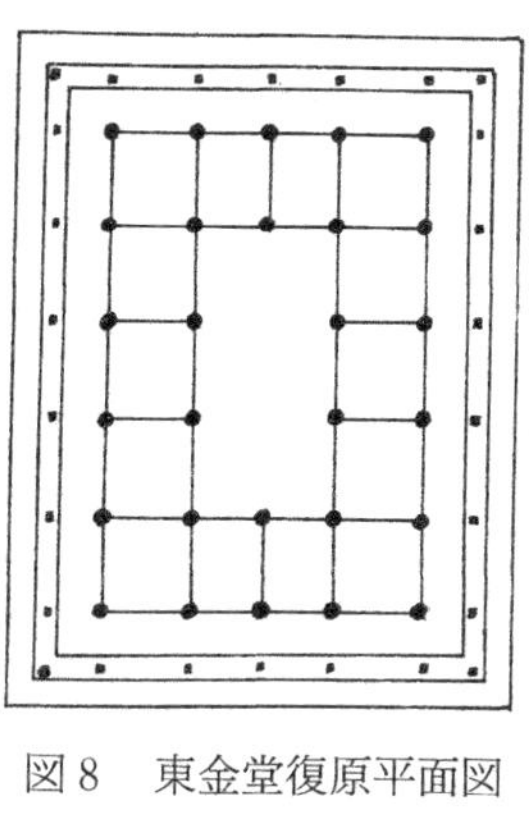

図８　東金堂復原平面図

るものであった。したがって、その上に立つ建築の外観も塔や金堂のそれとはかなり異なっていたと思われる。

第二次調査

第二次調査は発掘予定地がすべて水田であるため、秋の取入れが終った十一月二十五日にはじまった。第一次調査で発見された西金堂からすれば、文献にもその名が書かれている東金堂はかならずやあるはずで、塔を中心に西金堂と対称の地点から西金堂と同じ構造の二重基壇で同規模の東金堂跡を検出した。東・西金堂とも下成基壇の大きさは正面二〇・三メートル、奥行一五・五メートル、上成基壇は同じく一八・八メートルの一三・九メートルである。上成基壇の礎石は東・西金堂とも後世抜き取られているため、下成基壇の礎石から復原すると、東・西金堂は正面五間、奥行四間となり、奥行のかなり浅い建物であったことがわかる。

次に塔の南側を掘ると北側と同じ石敷の参道がみつかり、二四メートル先に中門を確認した。中門の基壇は正面一六・二メートル、奥行一三・五メートルの大きさで、残存礎石から推測すると正面・奥行ともに三間の門で、法隆寺の中門のような重層だったといわれている。

さて、第一次調査ではとうとう発見できなかった回廊は、まず中門の東西両脇で確認できた。また東金堂の東側でも確認したが、その結果、塔の南北中心線から東・西に五五メートルの地点に東・西金堂が立ち、さらに五五メートルの地点に東・西回廊があったことが明らかとなった。こうして回廊は第二次調査でやっと南・東・西の回廊跡が検出されたが、柱間一間の単廊であった。

そのほか南門やその南の石敷広場を検出したが、第二次調査の最大成果は飛鳥寺伽藍が一塔三金堂形式であったことが確認されたことであろう。

第三次調査

第三次調査は昭和三十二年（一九五七）の梅雨あけの、七月五日よりはじまった。この調査は前二回の調査によって手をつけられながらも中断されていた箇所、すなわち塔基壇内部、講堂西半部、北回廊などの検証を目的とした。塔の基壇上面では、中心部から掘り下げると花崗岩を二つ重ねた石櫃《いしびつ》がみつかった。なかには鎌倉時代の建久七年の火災で取り出された舎利を再納した舎利容器があった。さらにその下の、塔の基壇上面から二・七メートル下から心礎を発見した。心礎は一辺が約二・四メートルほどの花崗岩の上面を平らに加工し、湿気抜きの浅い溝を十文字に刻《ほ》り、その中央部に三〇センチ四方の孔を穿って、さらにこの方孔の東壁の下部に龕状の幅・高さ・奥行ともに一二センチの舎利孔をつくる。推古天皇元年（五九三）正月十五日に、「仏の舎利を以て、法興寺の刹柱の礎の中に置く」（『日本書紀』）という礎の中がまさしくこの舎利孔なのである。

このとき舎利とともに埋納された種々の宝物の一部が心礎の上にのこされていた。多くの玉類のほかに、金銀の延板・小粒、金銅製の円形・杏葉形の打出金具、馬鈴、挂甲《けいこう》、刀子など一七五〇点あまりの埋納物が検出された。発掘担当者の坪井清足氏は「金銀の粒や延板をのぞいて、まったく古墳を掘っているのではないかという感じがした」（『飛鳥寺』中央公論美術出版、昭和三十九年）と述懐している。

講堂跡では、西側と北側を掘って基壇を検出したが、側面に回廊が取付く痕跡はなかった。回廊は金堂と講堂の中間西方で北回廊跡を確認できた。その結果、北回廊は金堂の背後で閉じることがはっきりし、講堂は回廊から一九《メートル》ほど北に離れており、正面四三《メートル》、奥行二六《メートル》の花崗岩をならべた基壇に立っていた大建築であった。また回廊全体は東西一一二《メートル》、南北九〇《メートル》の横長の形状をしていた。

発掘を終えて

飛鳥寺の発掘はこうして前後三回にわたっておこなわれたが、多くの人から興味がもたれていた伽藍配置に関しては当初の四天王寺式ではないかという予想ははずれ、それまで誰も考え及ばなかった一塔三金堂形式の伽藍であったことが明らかとなった。同時にわが国でははじめての構造の二重基壇も発掘された。二重基壇の朝鮮半島との関連についてはすでに述べたが、一塔三金堂の伽藍配置もその先例が高句麗にあった。かつての高句麗の地であった平壌市清岩里廃寺の発掘で、八角形の建物を中心に、その北・東・西に建物を配するという遺例が報告されていたのである。中央の八角形の基壇に立つ建物が仏塔であるという確証はないが、八角形の建築が廟であったり、仏塔の場合もあり、また八角形の古墳もあって、このような八角形という特殊性から考えても、清岩里廃寺の場合も仏塔であった可能性は強いと思われる。

清岩里廃寺と同じ伽藍配置は平壌市の上五里廃寺や定陵寺でもみつかっており、高句麗では一塔三金堂形式がかなり採用されていたようである。ところが、百済ではいまだに一塔三金堂形式の伽藍は発見されていない。

このことは飛鳥寺の伽藍配置を考えるとき、一つの問題を提起するのである。というのは、わが国初の本格的伽藍の飛鳥寺をつくるために百済から工人が派遣されてきたことは『日本書紀』にも記されていて、そのことは飛鳥寺出土瓦が百済の扶余《ふよ》から出土する瓦と同じことからも裏付けられる。つまり、百済の工人の指導でつくられた寺院なら、当然百済の寺院のような四天王寺式の配置になるはずだが、飛鳥寺はどうして高句麗寺院の伽藍になったのかということである。

このようなあらたな問題について、発掘直後には飛鳥寺の建立を百済だけでなく高句麗

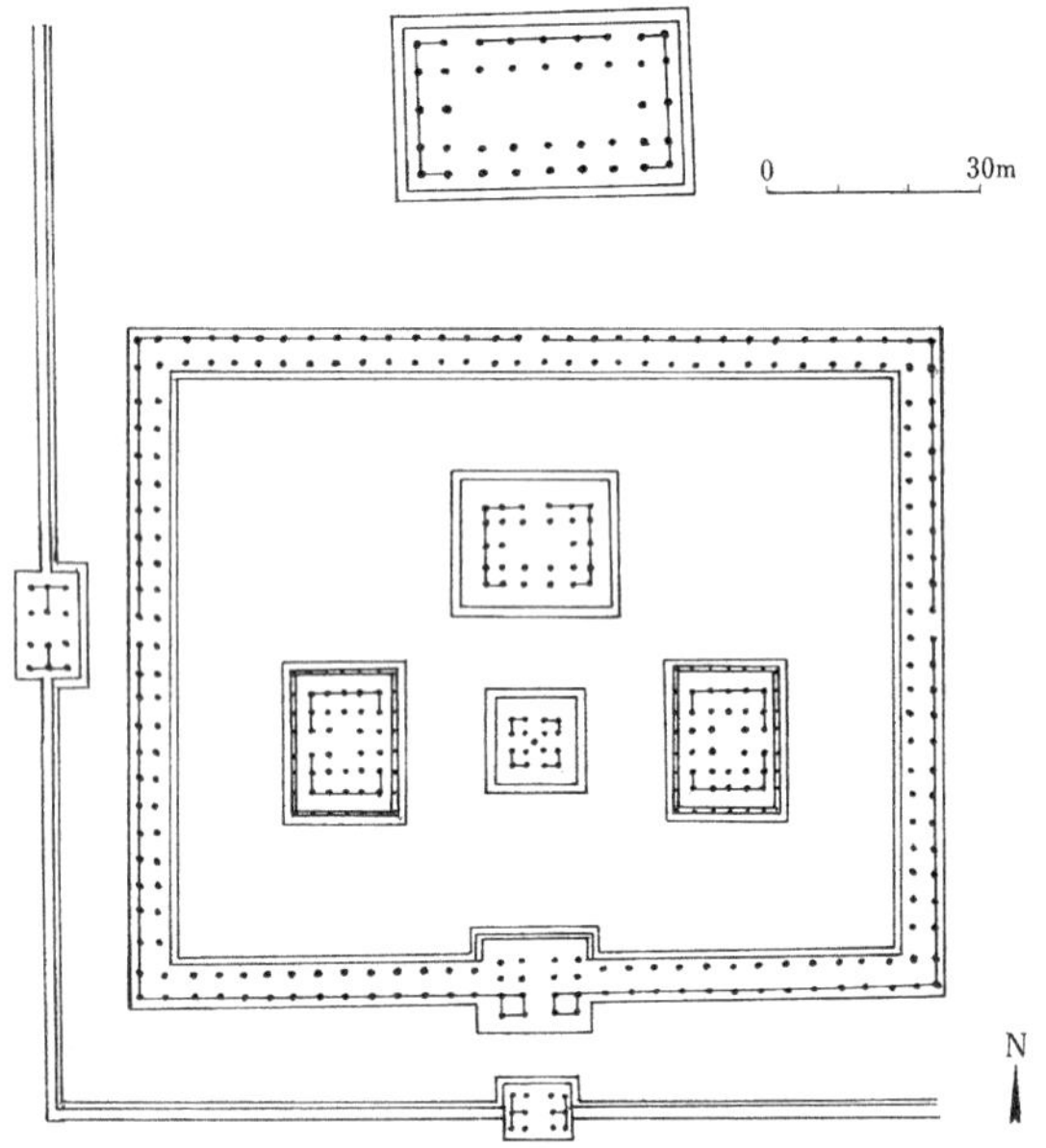

図９　飛鳥寺伽藍配置図

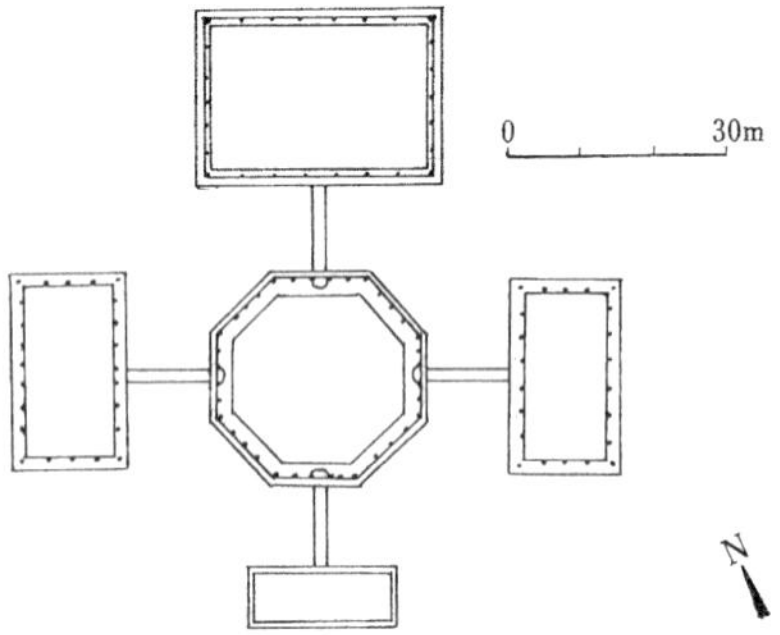

図10　清岩里廃寺伽藍配置図

とも関連づける人が現われた。たしかに高句麗僧の来日があり、飛鳥寺本尊の制作時に高句麗王が黄金を送ってきている。しかしながら、飛鳥寺の造寺工グループは百済の造寺工に指導されていて、そこに高句麗造寺工の影響を認めることはできないのである。にもかかわらず、百済ではいまだに発見されていない一塔三金堂形式の伽藍が飛鳥寺に採用されているのは、百済の造寺工が一塔三金堂の伽藍配置を承知していたからにほかならない。この場合二つの解釈が成り立つが、一つは百済の地でも採用されていながらいまだに発見されない場合もあれば、百済の地では採用されることがなかったため、わが国の飛鳥寺ではじめて実現した場合が考えられよう。

舎利安置

建久八年の舎利の発掘

仏塔の舎利安置については法隆寺の五重塔のところで少し述べたが、飛鳥寺の舎利安置についてはこの寺が鎌倉時代の建久七年（一一九六）に雷火のために焼失したあと、塔の基壇下から舎利を掘り出し、ふたたび埋め戻していたため、残念ながら創建当初の状態を知ることはできなかった。

第三次の発掘調査では、塔の基壇中央部から掘り下げると、花崗岩を二つ重ねた石櫃がみつかり、その中に建久八年に再埋納した舎利容器があった。先ほどは詳述しなかったのであらためて記すと、石櫃の蓋《ふた》である上の石をとると、上下の石の中央部に径二〇チセンの孔《あな》が穿ってあって、下石の孔には一〇・八チセン角、高さ八・五チセンの檜の木箱が、ガラス玉やコハク片・金銅製の瓔珞《ようらく》などとともに泥まみれの状態になっていた。木箱の蓋をとると、径二・八センチ、総高三・三センチの卵形の金銅製舎利容器とともに、ガラス玉やコハク片等の玉類が収められていた。

木箱の中や、木箱と石櫃との間にあった玉類等はいうまでもなく創建当初のものである。がしかし、卵形の舎利容器は建久時のものである。わたくしは昭和五十年（一九七五）、奈良国立博物館で開催されていた「仏舎利の美術」展ではじめてこの卵形の舎利容器を実見した。これは飛鳥寺の舎利容器、つまり飛鳥時代のものと早とちりして見ていると、そこへ一人の先輩が現われ、即座にこんな形の舎利容器が飛鳥時代にあるはずがないと、わたくしの思い込みを否定してしまった。当時大学院の学生で、前日奈良国立博物館でおこなわれた第二十八回美術史学会全国大会で「飛鳥寺の造寺造仏について」と題して研究発表をしたばかりであったが、まだまだ未熟者だ、こんなことがわからなければプロではないと大いに恥じ入った。あれから二〇年が過ぎ去り、わたくしも飛鳥時代の舎利容器か鎌倉時代のものかの区別はどうやらできるようになった。

弁暁の注進文

鎌倉時代の石櫃の下、すなわち塔の基壇上面より二・七メートルの地下に一辺二・四メートルの四角な花崗岩の心礎が据えられていた。この心礎の上面には先述のように金銀の延板・小粒・勾玉・管玉などが木炭にまじって散乱していたが、心礎の東辺と西南部には創建時の埋納状態を示す遺物があった。すなわち、東辺には挂甲《けいこう》、西南部には砥石《といし》状の大理石・蛇行鉄器・金環・馬鈴・金銅打出金具・ガラス小玉などである。これらが発掘者をして、古墳を掘っているのではないかと思わしめたもので、推古元年(五九三)正月十五日に舎利とともに埋納されたのである。

その推古朝埋納の舎利は、建久七年(一一九六)の塔焼失の翌建久八年三月二十四日に掘り出された。このことを記した記録、すなわち東大寺の別当になった弁暁上人が事の経緯を報じた注進文案がのこっていて、それには「建久八年三月廿四日戊《つちのと》戌《いぬ》大和国本元興寺の心柱の下より、掘り出し奉つる所の御舎利、其の数百余粒、幷びに金銀の器物等の本縁の事」とある。

これによると建久八年には金銀の容器とともに舎利一〇〇余粒が出土したという。中国六朝以来の伝統的な舎利安置では、舎利はまずガラス瓶に入れ、順次、金・銀・銅の容器に収めることになっていた。注進文案ではガラス瓶や銅の容器のことは不明で、一〇〇余粒あったという舎利も建久時につくられた卵形の舎利容器をアイソトープで透視したところ、舎利は数粒しか入っていなかったという。日本最初の寺院の舎利の大半とガラスと銅

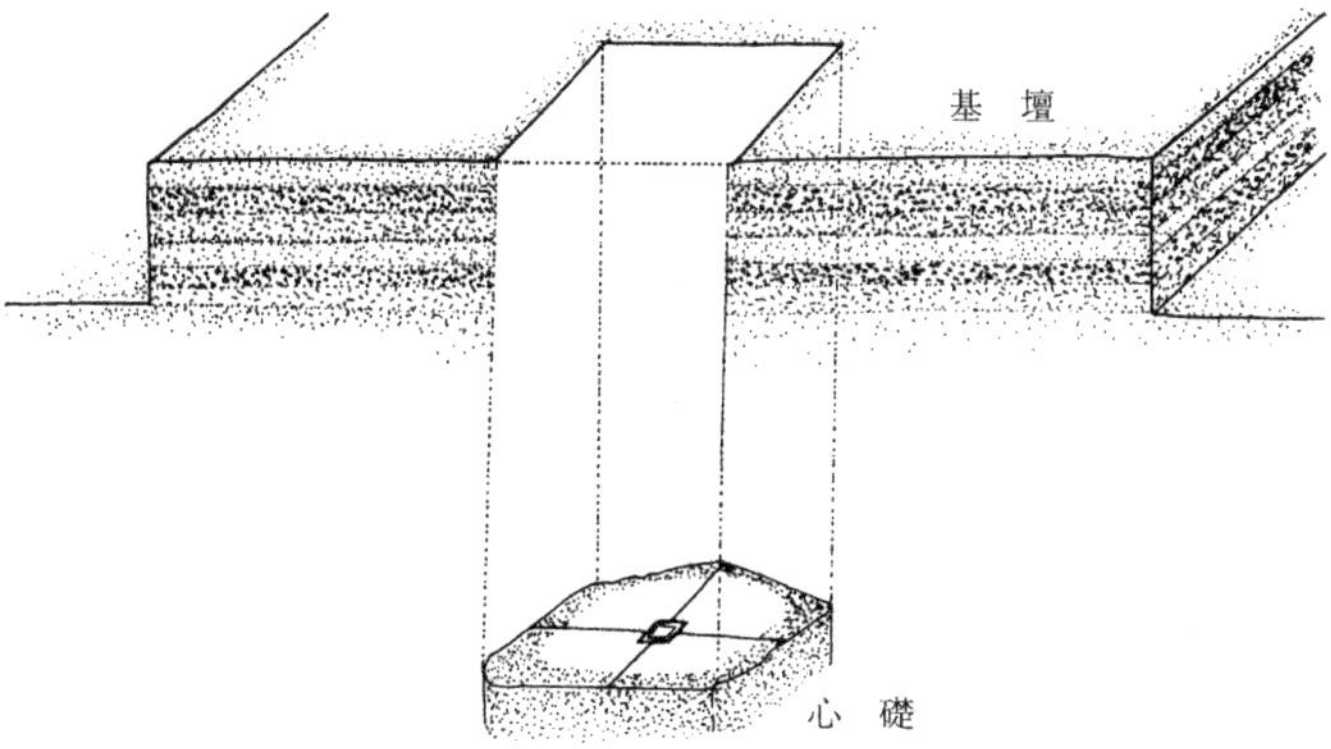

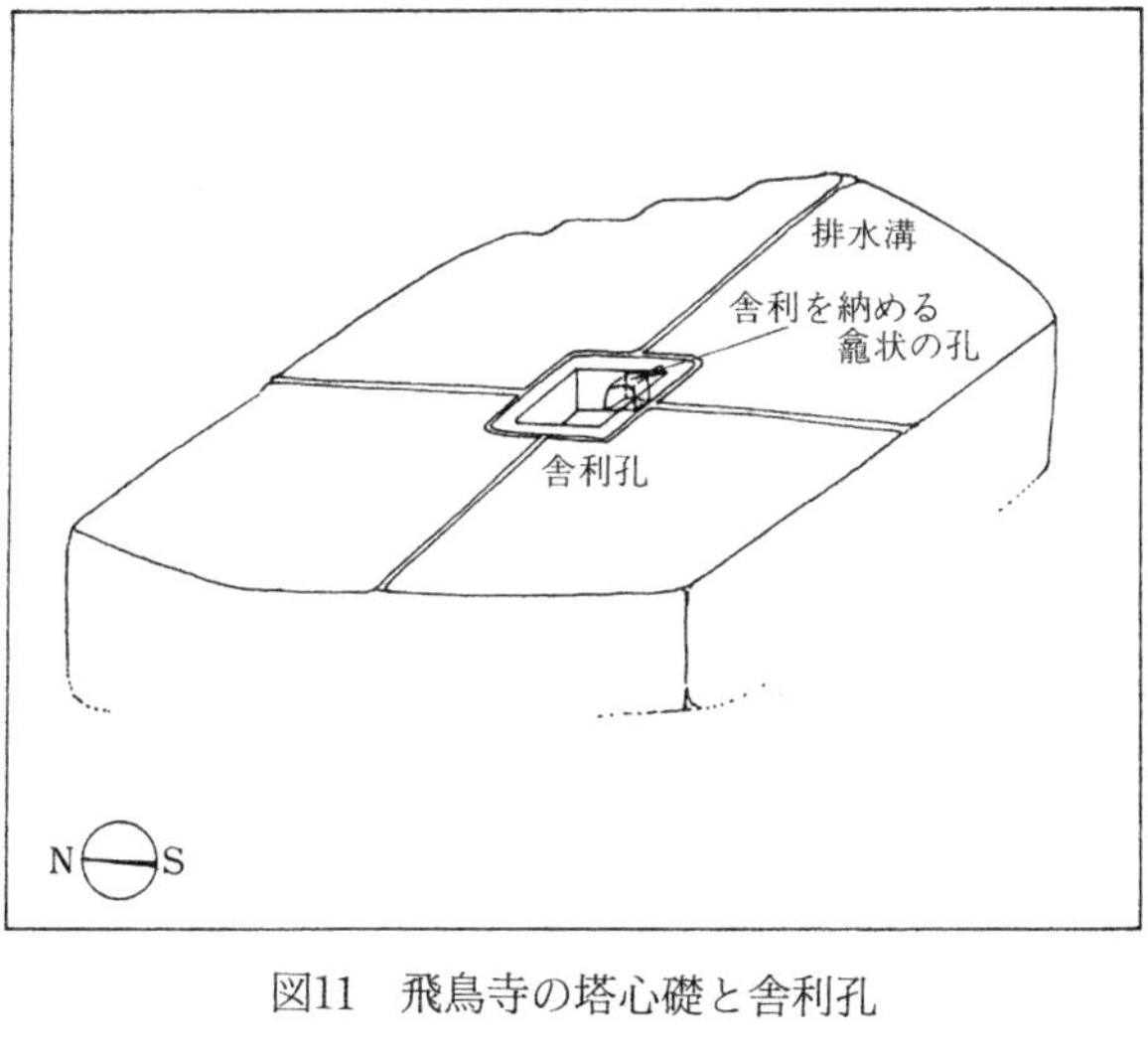

図11　飛鳥寺の塔心礎と舎利孔

の容器はどこにいったのであろうか。

飛鳥寺の舎利安置

心礎の上面に置かれていた埋納物には創建時からそのままであったものもあるが、肝心の舎利を安置する心礎中央部の方形孔には創建時のものはなにもなかった。建久八年に創建時の舎利と舎利容器はすべて掘り出されていたのであろう。

方形孔には内側一面に水銀朱が付着していて、龕《がん》状の舎利孔には建久時に埋納した灯明皿一枚があった。この方形孔には当初石蓋《いしぶた》が用いられたらしく、心礎上面には朱の付着した断面凸形の石片がのこっていた。この石蓋は落し蓋で内側を方形の凸形に造り出したもので、方形孔をぴたりとふさいでいたと思われる。おそらく舎利を収めたガラス・金・銀・銅の舎利容器は方形孔の壁に龕状につくられた舎利孔に安置し、方形孔には舎利供養のための玉類や金・銀の延板や小粒の荘厳具《しょうごんぐ》を詰め込み、石蓋をしめ、その上に刹柱を建てたのである。

心礎の上面に舎利孔を設けるのは法隆寺の五重塔の場合と同じだが、法隆寺は心礎の上面に円錐形の舎利孔を穿つだけであったのに対し、飛鳥寺の舎利孔は方形孔、さらに龕状の舎利孔と二重につくられていて、より綿密な設計のもとに穿たれていたことがわかる。

六朝時代の舎利安置

わが国初の本格的寺院の飛鳥寺の舎利安置法は心礎の中に穿たれた舎利孔に置かれていて、これは法隆寺の場合と同じである。すでに記したように、中国六朝時代にはガラス・金・銀・銅の容器に順次収められた舎利は最後に石函に入れられたようである。

しかしながら、飛鳥寺や法隆寺では心礎の上面に孔を穿ちそこに舎利を安置しているが、これは心礎の孔が石函の代用品であったことを思わせる。心礎の孔はあらたに石函をつくらなくてもすむという一種の簡便法であろうが、すでに朝鮮半島に例がある。しかし舎利安置法がはじめて伝来した朝鮮でただちに石函の代用として心礎に孔を穿つことが考案されたとも思えないので、やはり簡便法は中国で考えられたのであろう。

それでは中国の舎利は石函に入れられたあと、どこに置かれたのであろうか。中国六朝時代の舎利安置については、文献を駆使した小杉一雄氏の研究がある。小杉氏によると、心柱が立つ位置に約三メートルの穴を掘り、その底に種々荘厳した舎利石函を安置する。石函の上には塔建立の次第や功徳を刻りつけた塔銘を置く。舎利石函は塔の建築とは無関係に埋納されており、刹柱をうける心礎は石函よりも上に据えられるという。容器として金銀瑠璃を用いたのは釈迦の舎利を荘厳するためであるというが、この世でもっとも大事な舎利を永遠に保存するためのに、貴重でかつ強度のあるものとして金銀瑠璃が選ばれたのである。

舎利安置と中国人

六朝時代の人びとは仏舎利の安置場所を塔の下の地中深くに求めた。なぜなのか。これについても小杉氏は以下のように述べている。

すなわち、中国人は仏舎利の安置を釈迦の遺骨の埋葬、つまり葬送と考えていたのだという。その証拠として、まず舎利容器に中国人が古くから使用していた棺の形にしたものがある。次に塔建立の次第や功徳を願って刻りつけて石函の上に置いた塔銘は、中国人が墓の主人の履歴を刻んで墓の中に入れた墓誌の形状になぞらえてつくっている。さらに仏舎利を地中に埋納するときの記録には、人びとが哀恋号泣し、声の響きは雷のごとく、天地もこれがために変動したとあるように、あたかも釈迦涅槃のごとくにかなしみにあふれて描写されている。

こうしたことをみれば、中国人は仏塔を釈迦の墳墓とうけとめ、舎利安置は釈迦の埋葬として、自分たちの固有の埋葬の風習通りに事をおこなったというのである。わたくしはこのあたりが中国人の本質で、外来の宗教である仏教に対する中国人の姿勢を垣間見るような気がするのである。

それでは日本人はどうであったか。わが国に仏教は高度な文化・文明として伝えられた。

悲しいことだが、文化水準が低いと、どうしても高度なものはなんの批判もなく、時おり取りこぼすことはあってもそのまま受け入れてしまうのである。

飛鳥寺の舎利安置の日

飛鳥寺で仏舎利を埋納したときのことを、『日本書紀』推古天皇元年（五九三）正月の条には次のように記している。すなわち、「十五日に、仏舎利を以って法興寺の刹柱の礎の中に置く。十六日に刹柱を建つ」と、いたってそっけなく事実関係のみを記している。

飛鳥寺の造営現場では、舎利安置の推古元年正月までに、仏塔を建てる位置を掘り返して地山面《じやまめん》から版築《はんちく》工法で基壇を造成し、基壇上面から二・七メートルの深さに心礎を据えていた。花崗岩の心礎もすでに上面は平らに加工され、中央部には方形孔に龕状孔という二重の舎利孔が穿たれていた。この心礎を地下に運ぶためには、地表面から心礎を据える深さに至る斜めの道が基壇を切断するようにつくられていたと思われる。

推古元年正月十五日の舎利安置の当日にはこの斜道を歩いて、飛鳥寺の発願者蘇我《そが》馬子《のうまこ》は舎利安置の儀式に臨んだものと思われる。そのあたりの事情について、『日本書紀』はなにも伝えてくれないが、さらにいえば翌十六日は刹柱を仏舎利が安置された心礎の上に立てた日でもあったから、舎利安置の日に刹柱の根元は基壇の上の心礎のま上近くに運ばれていたにちがいない。

舎利安置の日、百済から送られてきた仏舎利を瑠璃瓶に収め、さらに金・銀・銅の容器に順次収めて心礎の方形孔の中の龕状舎利孔に安置した。方形孔には舎利供養のために玉類や金・銀の延板と小粒の荘厳具を詰め込み、最後に石蓋が閉じられて舎利安置の儀式は終った。

しかしここで六朝以来の舎利安置法からはややはずれることがおこった。それは心礎の上に挂甲や刀子・馬具等を置いて埋納したことである。坪井清足氏が述べているように、挂甲以下が経典のいう舎利供養のために供養者自身の身につけたものを供えるということであったのかもしれない。

中世史料の記す舎利安置の日

『日本書紀』の記述によるかぎり、飛鳥寺の舎利安置に関する具体的な映像は浮かんでこない。しかしながら、平安時代も後半の十二世紀ごろの成立といわれる『扶桑略記』の記述は、舎利安置当日の光景を今少し伝えてくれる。

すなわち、「刹柱を立つる日、嶋大臣ならびに百余人みな百済服を着す。観る者ことごとく悦ぶ。仏舎利を以って刹柱の礎の中に籠《こ》め置く」と。『扶桑略記』は舎利安置の日に刹柱も立てたことになっていて、『日本書紀』の記述とはやや異なるが、鎌倉時代の『上宮太子拾遺記』は「本元興寺縁起」なる一書を引用して、飛鳥寺の舎利安置と翌日の刹柱のことを次のように記している。

まず正月十五日に馬子の宅から仏舎利を送って心礎の中に安置し、翌日刹柱を立てたと記したあと、仏教法会のための外来音楽と種々の飾りが用意され、天子の車である輅《かく》四両と荘《かざ》り馬五〇〇頭のパレードが厳かにはじまった。その華麗さ荘厳さはとうてい口では言いつくすことができないほどで、また集まってきた人たちもあまりに多く数えることができなかったが、仏教に帰依し、馬子を讃え、なかには出家を願う者や善心を発する者があった。最後に、馬子以下従者一〇〇人はみな弁髪にして百済服を着ていたが、観る者みな抗す、つまり馬子たちの身形《みなり》をこばんだと記している。

百済服を着た馬子

飛鳥寺の舎利安置当日の様子は、『日本書紀』に較べて『扶桑略記』の記述がたしかに具体的になっているが、『上宮太子拾遺記』ではさらにドラマティックに描かれ、どこまで信用していいかわからない。推古朝に車が登場するのは時期的にいささか早く、『上宮太子拾遺記』が引用する「本元興寺縁起」そのものに問題がありそうだ。

『扶桑略記』についても、飛鳥・白鳳時代に関する記述はそのままには信用できないというのが通説で、たしかに紀年については疑問とすべきものも多い。しかし仏教関連記事は『日本書紀』と別系統の所伝を載せているらしく、すべて否定することもあるまい。

わたくしは、『扶桑略記』と『上宮太子拾遺記』の両者がともに、舎利埋納に臨むために馬子以下一〇〇人の従者が百済服を着たと記していることに注目したい。なぜなら、外来の宗教である仏教に対して当初日本人がどのような姿勢で受容したかをうかがうことができるからである。

馬子たちが百済服を着たのは、仏教は外国のそれも高度な文化・文明で、それをわが国に伝えたのは百済であったから、その百済の仏教を受容するにあたって、まず服装改革からはじめたのである。わたくしには、当時誰よりも積極的に仏教を受容しようとしていた馬子が、百済服までも着て舎利埋納に臨もうとしていた心情がいやというほどよくわかる。馬子のこの姿は欧米の進んだ文明を摂取して日本の近代化を進めようとした明治の政治家たちが、西洋服を着て鹿鳴館《ろくめいかん》の舞踏会に臨んだ光景とオーバーラップするのである。

先に述べたように中国人は仏教という外来宗教に対して、たとえば舎利安置を自分たちが長年培ってきた文化でつつみ込みながら中国化させて受容したが、日本人は仏教が高度な文化・文明と意識して自ら近づきそのまま受容したのである。中国人と日本人との間には、外来の仏教を受容する場合かくも異なる対応があった。これも仏教受容期の中国と日本の文化水準の差ということになろうか。

仏教の伝来

仏教伝来と仏像の制作

仏教公伝

わが国に仏教が伝わったのは、『日本書紀』によると欽明天皇十三年（五五二）のことで、「冬十月に、百済の聖明王、更の名は聖王。西部《せいほう》姫《き》氏《し》達率《だちそち》怒《ぬ》唎《り》斯《し》致《ち》契《けい》等を遣して、釈迦仏の金銅像一軀・幡蓋若干・経論若干巻を献る」と書かれている。すなわち、百済の聖明王がわが国に使を派遣してきて、金銅像の釈迦像一軀と、荘《しょう》厳具《ごんぐ》のたて長のハタや天蓋《てんがい》、さらに経典を献上したというのである。

この『日本書紀』の仏教伝来記事によって、戦前の教科書では西暦五五二年が仏教公伝《こうでん》の年とされていた。ところが、一方で『日本書紀』とは仏教伝来年が異なる記述をしている文献史料もあって、たとえば『元興寺縁起』では欽明天皇七年戊午《つちのえのうま》（五三八）としている。二つの文献は欽明天皇の年立《としだ》て、すなわち即位の年まで異なっているが、戦後になると後者の西暦五三八年が仏教公伝の年として扱われるようになった。

それでは『日本書紀』が五五二年説を採用したのはなぜか。それは隋の『周書異記』に釈迦がなくなった年を周穆王《しゅうのぼくおう》五十三年、つまり前九四九年としているからで、この年から起算すると欽明十三年（五五二）はちょうど一五〇一年目にあたる。正法《しょうぼう》・像法《ぞうぼう》・末法《まっぽう》の三時思想によると入末法一年目にあたるという。欽明十三年という年が仏教史的に由緒ある年と考えられたために、仏教伝来の年とされたのである。したがって、欽明天皇十三年仏教公伝というのは『日本書紀』編者の作為であったことになろう。

百済による仏教文化の供与

『日本書紀』の作為ある仏教公伝年よりも史実を伝えているといわれる『元興寺縁起』には、次のような仏教公伝に関する記述がある。すなわち、「大倭国《やまとのくに》の仏法は、斯帰斯麻《しきしま》の宮《みや》に天《あめ》の下治《したしら》しめしし天国案春《あめくにおしはる》岐《き》広《ひろ》庭《にわの》天皇の御世、蘇我大臣稲目宿禰《いなめのすくね》の仕え奉る時、天の下治しめす七年、歳次戊午《ほしはっちのとうまにやどる》十二月度《わた》り来るより創まれり。百済国聖明王の時、太子像ならびに灌仏の器一具及び仏起を説ける書巻一篋を度し（下略）」と記している。

将来された仏像を『日本書紀』は釈迦仏金銅像としていたが、『元興寺縁起』は太子像とする。太子像とは悉達多太子《しったたたいし》、つまり成道《じょうどう》前の釈迦の姿、多くは半跏思惟《はんかしゆい》像の菩薩像のことで、結局のところ太子像は釈迦像のことになって、二つの文献は同じ仏像を指しているといえなくもない。また灌仏の器は釈尊降誕の四月八日の仏生会《ぶっしょうえ》に釈迦像の頭上から香水をそそぐ法具の柄杓《ひしゃく》と水盤のようなものと思われる。さらに経典等が百済の聖明王からわが国に送られてきたのである。

吉村怜氏によると、百済は朝鮮半島の高句麗・新羅との外交・軍事上から日本の強力な軍事力をひき出す必要があり、そのためにつまり国策上わが国に仏教文化の供与を実行したのだという。わたくしは仏教の伝来を高度な文化・文明の受容と捉えているが、吉村説は仏教を伝えた百済側からみると、やはり仏教を文化とみていておもしろい。

そういえば、この五三八年という年は百済が熊津《ゆうしん》から扶余《ふよ》に都を遷した年でもあった。聖明王は日本の筑紫国で生まれた武寧王の子として、父ゆかりの日本に百済の命運を賭けようとして心機一転遷都し、わが日本に文化・文明としての仏教を伝えたのであろう。

『日本書紀』の仏教伝来関連記事

『日本書紀』は欽明十三年に百済から送られてきた仏像について、「相貌端厳《かおきらぎら》し」と記している。美術史学を研究するものなら「すがたかたち」を形容する表現には格別興味を惹かれるが、金色に輝く仏像をいまだかつて見たことのなかった飛鳥人からすれば、この形容はよほど印象的だったのであろう。

百済将来のこの仏像は、天皇が蘇我稲目にさずけ、稲目は小墾田《おはりだ》の家に安置して礼拝し、向原《むくはら》の家を寺としたという。

『日本書紀』はこの仏教公伝記事のあと、欽明十四年（五五三）五月条にはわが国初の仏像制作として、吉野寺の放光樟像《くすのきぞう》をつくったことを、また敏達《びだつ》六年（五七七）十一月条には百済王が日本に帰る大別王《だいべつおう》らに、経論や律師・禅師・比丘尼・呪禁師《じゅごんはかせ》・造仏工・造寺工ら六人を献じ、彼らは来日後難波の大別王寺に置かれたことを、さらに敏達八年（五七九）十月条には新羅が仏像を送ってきたことを記している。

同じく敏達十三年（五八四）九月には鹿深臣《こうがのおみ》が百済から弥勒石像一軀を、佐伯連が仏像一軀を将来した。蘇我馬子（稲目の子）は二つの仏像を供養しようと思い、鞍部村主司《くらつくりのすぐりし》馬達等《ばたつと》と池辺直氷田《いけべあたいひた》を遣わして修行者を求め、還俗《げんぞく》の尼、高句麗の恵便《えべん》を探しだし、これを師として達等の女嶋《むすめしま》を得度させて善信尼《ぜんしんに》とする。さらに善信尼の弟子二人を得度させた。馬子は宅の東に仏殿をつくり、弥勒石像を安置し、一方、達等は仏舎利を斎食《いもい》の上に得て、馬子に献上した。翌敏達十四年（五八五）馬子は大野丘の北に仏塔を起《た》てて、設斎の大会を催し、達等の献じた仏舎利を塔の柱頭におさめた。

以上のような『日本書紀』の記事は仏教伝来についてのポジティブなものといえるが、仏教はわが国でなんの抵抗もなく広まったのかというと、けっしてそうではなかった。疫病がおこったといって仏像が難波の堀江に流され、伽藍が焼かれ、さらには尼僧たちが捕えられ幽閉されることもあった。しかしそれでもわが国の初期仏教は、当時の有力氏族でかつ熱心な仏教崇拝者の蘇我氏によって、まもられ育まれたといっても過言ではなかった。

仏像をつくる

欽明朝の仏教公伝以来、朝鮮半島からは種々の仏像、たとえば材質でいうと銅造・石造・木造の仏像が将来されたと思われるが、現存のものや仏教公伝記事の仏像をみても、銅造つまりブロンズ像が中心であったようである。このような朝鮮半島からの舶載像を手本としてわが国の仏像制作がはじまったと思われるが、木や石でつくる木彫像や石彫像ならば、見様見真似で仏像の形を摸してつくることは可能であろう。

しかしながら、木彫像や石彫像とはちがいブロンズ像ともなれば、たとえ手本となるものがあってもその制作は無理といってもよい。なぜ見様見真似でブロンズ像はつくれないのか。ひとことでいえば、その制作工程があまりに複雑であるため、その工法を知らないかぎりつくることができないからである。だから、ブロンズ像をつくるためにはかならず制作指導者を必要としたのである。

すなわち、朝鮮半島からブロンズ像制作の専門家たる工人が来日しないかぎり、わが国でのブロンズ像制作は不可能だったのである。その点木彫や石彫は手本さえあれば彫るという単純作業を繰り返すだけでつくれるから、仏教伝来後の仏像制作の黎明期にあっては、木と石による仏像からつくられていったものと思われる。

放光樟像

わが国で仏像をつくったという記録でもっとも古い例は、すでに述べたように、『日本書紀』欽明天皇十四年（五五三）五月条にみえる記事である。これは仏教公伝の翌年のことで、初の仏像制作としてはいささか興味が惹かれる。河内国が言《もう》すには、泉郡の茅渟海《ちぬのうみ》の中に梵音が鳴り、その響きは雷のようで、日の光のようにてりかがやいていた。敏達天皇は不思議に思って溝辺直《いけべのあたい》を遣わして求めさせた。溝辺直は海に浮んでてりかがやく樟木《くすのき》を見つけ、天皇に献上した。天皇は画工に命《みことのり》して仏像二軀をつくらせた。今の吉野寺の光を放つ樟の像である、という。

これによると、わが国で最初につくられた仏像はどうやら木彫像で、光を放つ木彫像というと金箔仕上げということになる。その上つくった人は画工というから、今風にいうと画家、絵描きが木彫像をつくったのである。絵描きに彫刻をつくらせたというと、誰しも本当なのかと疑いたくなる。

もっとも、『日本霊異記《にほんりょういき》』には『日本書紀』と異なり蘇我馬子が池辺直氷田に仏像をつくらせ、豊浦堂に安置したと記されている。しかしながら、わたくしはわが国初の造像例である木彫の仏像を画工につくらせたという『日本書紀』の記述に魅力を感じる。

というのも、わが国の古墳時代には立体造形の埴輪をつくることはあったが、この六世紀ともなるとそのような習慣はすでにうすれ、仏像というものは完全に未知なるものであった。したがって、六世紀のわが国には彫塑という立体造形を拵える人はほとんどおらず、そういう時代にあって、仏像制作にもっとも関係深いと思われる造形作家が画工ということになるからである。

最初の仏像作家

『日本書紀』にみえる欽明朝の画工の実態がいかなるものであったのか、もちろん今となっては知る術もない。しかし、画工はすなわち作画をよくした人で、要するに絵が描ける人であった。

わたくしは先ほど木彫像や石彫像ならば見様見真似で仏像の形を摸しながらつくること

は可能だと述べたが、実のところ誰でもつくることが可能というわけではない。やはり〝かたち〟に対して興味があり、形態を捋える能力、別のいい方をすればスケッチができる人でなければ仏像という未知の立体造形をつくることはできないのである。

仏教公伝後の六世紀半ばごろ、わが国には仏像制作を指導できる人、つまり仏師や造仏工はもちろんいるはずがなかった。それ故、仏像をつくるということになると、どうしても自力でつくらねばならなかった。つまり、手本となる仏像を目の当りにおき、見様見真似で仏像をつくったのである。さすれば、見様見真似で仏像をつくることができたのは、スケッチが描けた画工がもっとも可能性が高かったことになろう。

こうしてみると、『日本書紀』欽明十四年五月条の画工の造像記事は、わが国初の仏像制作について検討するときまことに貴重なものといえよう。なお、このときの仏像が木彫仏であることは、材質からいえば木は石よりもはるかにつくりやすいということであろう。

ブロンズ像の制作工程

ブロンズ像は木彫像や石彫像とちがい、画工が手本だけでつくることはまず無理である。先ほど述べたように、ブロンズ像の制作工程があまりに複雑だからである。

飛鳥時代のブロンズ像は蠟型《ろうがた》鋳造法によってつくられていて、小さな像であれば像内に空洞のない無垢《むく》の仏像となり、一方、大きくなると中空像となるが、その技法は複雑かつ高度なものである。無垢の小像の場合原型のすべてを蠟型でつくることが多いが、通常の中空像はまず鉄心を中にこめて粘土（鋳物土）で中型《なかご》をつくり、ついでその表面に一定の厚さの蜜蠟を盛り上げて原型（雄型《おがた》）とし、次に原型全体を鋳物土で覆って外型《そとご》（雌型《めがた》）とする。これを焼いて中の蜜蠟を溶かし出し、中型と外型の間に生じた空隙部分、つまり鋳型《いがた》に溶銅を流し込むのである。

中型と外型との空隙部分がそのままブロンズ像の厚みとなるが、溶銅をそそぐときの強い圧力で中型が動くのをふせぐために、中型と外型の間にはあらかじめ型持《かたもち》という像の厚みほどの銅の小片をおいたり、外型から中型へ笄《こうがい》という釘を打ち込んだりすることが多い。鋳造後は外型を壊し、中型土とともに鉄心も取り除くのが普通だが、そのままのこっていることもある。とり出された銅像はその表面を鏨《たがね》で仕上げられ、最後に水銀アマルガム法で鍍金が施され、目も眩《くら》むばかりの金色の仏像が完成するのである。

このような何段階もの工程を経てはじめて完成するブロンズ像であってみれば、その工法を知らないかぎり、たとえ手本となるべきブロンズ像がいくらあろうとも誰もつくることはできない。つまり、ブロンズ像の制作にはどうしても指導者たる造仏工が必要だったのである。

仏教文化の受容

工人の渡来

金色に輝くブロンズ像をはじめて見た飛鳥人たちは、その高貴なる色彩と荘厳なる姿に感動したであろうが、木彫や石彫の仏像はつくれても、ブロンズ像をつくることは不可能であった。ブロンズ像をつくるには高度な鋳造技法を必要とした。しかし当時の日本にはなかったのである。

仏教を積極的に受容しようとしていた蘇我氏は、当然ながらブロンズ像の制作に駆り立てられたと思われる。残念ながらその間のことを伝える文献史料はなにもないから、くわしいことはわからないが、ここで注目したいのは『日本書紀』敏達《びだつ》六年（五七七）十一月条の記述である。この部分についてはすでにふれたが、そこには次のように書かれている。

冬十一月庚午《かのえのうま》の朔《ついたち》に、百済国の王、還使《かえるつかい》大別王等に付けて、経論若干巻、あわせて律師・禅師・比丘尼・呪禁師・造仏工・造寺工、六人を献る。遂に難波の大別王の寺に安置《はべら》しむ。

これによると、敏達六年十一月一日に、百済国の王は日本に帰国する使《つかい》の大別王に対し、経論のほかに律師・禅師・比丘尼・呪禁師《じゅごんのはかせ》・造仏工・造寺工の六人を献じ、大別王は彼らを難波の大別王の寺に安置《はべら》しめたという。大別王がいかなる人物なのか、また大別王の寺の実態もよくわからないが、造仏工と造寺工という仏教関係の工人の来朝記事としてはもっとも古い。

仏教興隆を目指して

敏達六年来日の百済の造仏工はいうまでもなく仏像をつくる工人で、わが国では仏師ともいわれた。一方、造寺工も寺師といわれ、仏教寺院の巨大木造建築を建てる技術者、今いうところの大工のかしら、棟梁であろう。

こうした仏教関係の工人を、『日本書紀』は百済王がわが国に献じたと記しているが、欽明十三年の仏教公伝記事でも百済の聖明王が仏像・幡蓋・経論を献じたと記し、さらにこのあと崇峻《すしゅん》元年（五八八）の飛鳥寺造営のための工人たちも百済国が献じたと記している。「献」の文字は『日本書紀』の編者が統一したのかもしれないが、いずれも百済王もしくは百済国がわが国に対して仏像・経論をはじめ僧侶や仏教関係の工人を供与しているのである。

先述のように、吉村怜氏によると百済は朝鮮半島の高句麗や新羅との外交・軍事上から日本の強力な軍事力をひき出す必要があり、そのためにつまり国策上わが国に仏教文化の供与を実行したのだという。百済による仏教公伝以来の仏教文化の供与をみてみると、百済はあたかもわが国において仏教興隆を意図しているかのようである。おそらくわが国が仏教文化国となることを望んだのであり、そのためには一日もはやく本格的な仏教寺院の建立が実現することを願ったのであろう。

こうしてみると、敏達六年の律師・禅師・比丘尼・呪禁師の来朝はわが国における仏教弘通《ぐつう》のためのものであり、造仏工と造寺工の来朝は仏教興隆の象徴たる本格仏寺の造営に従事できる日本人の工人を養成するためであったということになろうか。

仏教公伝のアフターケア

敏達六年に百済から来朝した造仏工と造寺工は、わが国にも本格的な仏教寺院を建立するためにその造営事業に従事できるような日本人工人を養成することが目的だったというのがわたくしの解釈である。

ちょうど明治のはじめにわが国の近代化を積極的に推進するために、明治政府が欧米から外国人教師を招いたことと同じである。新しい文化、高度な文明を導入するときもっとも有効なのはモノよりもヒト、つまり指導者を招聘することであろう。先ほどわたくしは、見様見真似で木彫や石彫はつくれるといったが、そのようなものならそれは高度な文化でもなんでもない。金色に輝く丈六のブロンズ像や彩色鮮やかな巨大木造建築はほとんどの日本人は見たこともなかった。そのような未知の仏教文化をわが国で実現させるには、仏像や建築の設計図（様《よう》）を入手するよりもそれらをつくることのできる技術者、つまり人材を確保することが肝心と思われる。

新しい文化、高度の文明を担う人材の確保という点では、敏達六年の造仏工と造寺工の来朝も明治の各種外国人教師の来日もともに同じといえよう。しかし両者の決定的なちがいは、前者が外国の百済の意志によるものであるのに対し、後者は日本の意志によるのである。つまり、造仏工と造寺工の来朝は百済がわが国へ技術供与をしたということになる。

百済によるこの技術供与というのは、その前に百済によるわが国への仏教公伝という事実があるからで、仏教を公伝した百済がどうしても履行しなければならないアフターケアであった。

仏教公伝の意味するもの

百済が日本へ仏教を伝えたことを仏教公伝という。百済の王から日本の天皇へ仏教が伝えられたことは、国家から国家へ正式に伝えられたものとして、公伝といわれてきた。つまり国家による公式の伝達である以上、それは百済側の政策ということになる。当時の複雑に錯綜する東アジアの国際情勢の中で、仏教公伝は百済と日本の友好関係を将来にわたって維持する手段として実行されたのである。

したがって、百済による仏教公伝はわが国に仏教教理を伝えればそれですむものではなく、仏教がわが国で確実に根を広げ、興隆することに百済は責任をもたねばならなかった。わたくしは先ほど、百済はあたかも日本で仏教興隆を意図しているかのようだと記したが、仏教を公伝することは公伝する側にそれだけの覚悟が必要だったのである。

そこで百済は仏教公伝時にまずわが国に仏像や経論を送り、仏教なる宗教を教示した。いうなればこれはモノの供与であったが、次にわが国で仏教が弘まり興隆するにはヒト、つまり人材の供与が必要であった。敏達六年の僧尼と造仏工・造寺工の来朝はまさにこの人材の供与だったのである。

そのほか百済による仏教文化の供与としては百済から日本へというルートだけでなく、

その逆のわが国から百済へのヒトの派遣、つまり留学僧の受け入れを百済は仏教公伝時には約束していたはずで、わが国初の尼僧となった善信尼たちはその後百済へ留学した。

このような仏教興隆のための百済によるモノとヒトの供与こそが、仏教公伝の意味するところであった。百済は、わが国に仏教文化を供与した見返りとして、当然ながら日本の強力な軍事力をひき出すことを期待していたが、その後日本は百済の存亡の機に際し、たしかに百済のために出兵したのである。

先進国への仲間入り

わが国が百済から仏教を受容しはじめていた六世紀の東アジアでは、中国を中心にした国際社会が形成されていた。

その中国では仏教伝来後二〇〇年もの仏教留保期間を経て、六朝時代にはもともとインドの宗教であった仏教を中国文化によって体系化し自己のものとしていた。こうした中国自身が体系化した仏教はすでに道教や儒教の思想をも取り込んだ一大思想体系であった。東アジアの中国周辺諸国からすれば、東アジアの雄たる中国が仏教国家を標榜する以上、仏教を受容しなければならない。

中国文化によって体系化された仏教は教理思想だけでなく建築・土木・美術工芸・音楽・医学に至る最新かつ高度の一大総合文化であった。そのため仏教の受容は中国周辺諸国の文化水準を高めることになったのである。そのような時期に、わが国は百済から仏教文化を供与され、仏教志向の東アジア諸国の仲間入りをすることができたのである。

今から一〇〇年ほど前の明治のはじめに、わが国の近代化を推進して世界の先進国の仲間入りをするために、明治政府は外国人教師を招く一方で、次代を担う青年を留学させて欧米の高度な文化の摂取につとめた。そのような留学生の中で特筆すべきは明治四年（一八七二）に近代日本の初の女性留学生が誕生したことであろう。女性といってもいずれも幼い少女たちで、彼女たちは日本の近代化のために、その年アメリカ・ヨーロッパに派遣された岩倉使節団に同行してアメリカに一〇年も留学したが、最年少の津田梅子はわずか八歳であった。はるか遠く飛鳥時代の崇峻元年（五八八）に仏法を求めて百済に留学した善信尼たちもまた十代の少女たちであった。今とは比較にならない時代に幼い少女たちが海を渡って異国に留学していることは、いささか驚異的といってもよい。

わたくしには、六世紀のわが国が仏教という一大総合文化を受容することによって東アジアの一員となったことと、欧米の文化を取り入れて世界の先進国の仲間入りを意図した明治時代が重なり合うのである。ともに文化の先進国へ脱皮しようとした時代でもあった。

造寺工の養成

工人の養成

敏達《びだつ》六年の造仏工と造寺工の来朝は、わが国でも本格伽藍をそなえた仏教寺院を建立するための日本人工人を養成することが目的であった。仏教伽藍の建物の建立を担当する工人が造寺工で、造寺工の建てた建物の中に安置する仏像を制作する工人を造仏工といい、わが国では寺師や仏師の名で呼ばれていた。

造寺工と造仏工という工人は仏教文化を担う工人であるから、当然そのような工人はわが国にはいなかった。造寺工は色彩華やかな巨大木造建築を建てる工人で、造仏工は金色鮮やかなブロンズ像をつくる工人であるから、当時のわが国にいないのは当り前のことである。しかしそれぞれに関係のある技能者たちはいたと思われ、仏教文化を支える日本人工人の養成ということになると、まずは造寺工と造仏工に関係深い技能者があつめられ、その中から新しい技術を習得できる人たちが選ばれたのであろう。

造寺工は建築関係の工人である。わが国にもたとえ規模が小さくとも建物をつくる技能者はいたはずで、そのような建築関係の職能集団に所属していた人が百済の造寺工のもとにあつめられた。一方の造仏工はブロンズ像をつくる工人である。まず鋳造技法に通じ、しかも彫刻という立体造形をつくる能力が必要であった。後で述べるが、百済の造仏工のもとにあつまった見習い工の一人が鞍作鳥《くらつくりのとり》であった。

こうして百済の造寺工と造仏工のもとで、来たるべき本格伽藍の造営にそなえたわが国の見習い工人の技術の習得がはじまったのである。時期は敏達六年（五七七）以後のことであろうが、技術習得の工房つまり学校のおかれたところが難波の大別王の寺か、それとも飛鳥の地であったか、残念ながらわからない。

仏教建築の特色

六世紀ごろのわが国の建物は銅鐸や銅鏡に描かれたものを見るかぎり、掘立柱式の小さくて軽い、しかも単純な構造の建物がほとんどであった。なかには出雲大社のように高さが二〇<ruby>以上もあって、古代においては比類なきものも建てられていたようであるが、これはまったくの例外で、一般の建物は小規模の掘立柱式であった。おそらくこのような掘立柱式の建物をつくってきた建築関係の工人の中から、新しい建築である仏教建築の技法を習得する工人が選ばれたのであろう。

百済の工人から習得する仏教建築はもともと百済の建築ではなかった。ということは、金色に輝くブロンズ像の場合も同じで、もとをただせば仏教とともに受容された文化はすべて中国のものと理解した方がまちがいない。仏教建築も中国伝統の木造建築で、百済の造寺工はかつて自分たちの先輩たちが中国から習得した仏教建築の技法を、今度は日本人に教授することになったのである。

何度も述べてきたように、仏教建築は飛鳥人の誰一人も見たことがなかった色鮮やかな巨大木造建築であった。現代の鉄筋コンクリートに匹敵する強度の版築《はんちく》工法で基壇を造成し、柱をうける礎石を据える。その上に大きな柱を立て、柱の上には中国人発明の斗拱《ときょう》（わが国では組物《くみもの》と呼ぶ）をのせ、さらに梁《はり》・桁《けた》を架《か》けて大屋根をのせた。壁は白の漆喰壁《しっくいかべ》とし、緑色の連子窓《れんじまど》をつくり、柱をはじめとする部分はほとんどが朱色に、また垂木《たるき》の先端は黄色に塗り、扉の金具や仏塔の相輪部分の金具等はいずれも金鍍金に仕上げられ、屋根には瓦が葺かれ、床には瓦と同じ材質の塼《せん》が敷かれていた。

百済の造寺工が、巨大な仏教建築の技法や工法について、一度も眼にしたことのないわが建築関係者に教授するには、まず仏教建築がいかなる姿かたちをしているのかを示さなければならない。現在のように写真や映像があればことは簡単だが、六世紀の後半では金堂をはじめとする仏塔や中門・回廊等のスケッチが求められたと思われる。

設計図と模型

上手であればそれにこしたことはないが、百済の造寺工はそのようなスケッチを自ら描いたか、あるいは百済から持参してきたかと思われる。スケッチとともに必ずや携行してきたものに「様《ようためし》」というものがあった。稲木吉一氏によると、日本訓みは「ためし」であるから「様」は「かた」の意味で、設計図あるいは下絵（図）を指すことが多いという。また中国の文献には「木様」という語もあるが、これは木の「かた」つまり模型のことであろう。

仏教建築は巨大木造建築であると再三述べてきたが、建築は大きくなればなるほどより精密さが要求される。したがって、部材を加工して組立てるにはどうしても下図、つまり設計図が必要となる。またなによりも模型があれば、仏教建築の技法は習得しやすい。もちろん大きい模型は携行しにくかったと思われるが、三〇分の一以上の縮尺のものなら、持ち運びできたであろう。少なくとも仏教建築を代表する金堂や仏塔の模型は運ばれ、日本人の見習い工人の技術習得に役立てたのではあるまいか。

造寺工の来朝が百済のわが国に対する仏教文化の供与である以上、仏教建築の模型や設計図、さらに仏教建築の各種外観を描いたスケッチの類いを前もって準備することは百済にとって当然のことと推測できる。

日本の見習い工人たちにまだ見たことのない仏教建築の技法や工法を教えることは、なかなかに難儀なことであった。このような場合、もっとも効果的なのは視覚的に教授することであろう。そこで百済の造寺工は百済から持参した仏教建築の模型やスケッチを通して、仏教建築のかたちや構造を教え、仏教建築がいかに巨大であるか、また巨大ゆえにどのような工夫がなされているかを理解させたと思われる。

仏教建築の工具

仏教建築はそれまでのわが国の建物とは比較にならないほど大きく、また多くの部材を必要とした。当然ながら部材を加工するためにはいわゆる大工道具を用いねばならないが、大工道具はすでに古墳時代から使われていた。しかし百済の造寺工は、わが国初の仏教建築を建てるために、より改良された工具を携えて来たはずで、木材を切断するノコギリや木の表面をはつって荒仕上げをするチョウナ、木の表面を削って仕上げるヤリガンナ、孔《あな》をあけるノミなどが将来されていたにちがいない。ヤリガンナは法隆寺の宮大工《みやだいく》の西岡常一氏が薬師寺伽藍の復興で使用したため、一般にもその名が知られるようになった。

このような部材を直接加工する工具のほかに、より精密な建物を建てるための曲尺《かねじゃく》、直線をひく墨壺《すみつぼ》、水平をもとめる水ばかり（水準器）、垂直をもとめる下げ振りなどが用意されたと思われる。

仏教建築の教授法

わが見習い工人たちは最新の工具の扱い方にもなれ、模型やスケッチ・設計図を通して仏教建築のかたちや構造を学ぶと、次はその工具を使って実物大の部材をつくることを教えられた。というのも、模型やスケッチは仏教建築の外観や大きさを知ることはできても、いろいろな部材が出会う部分、つまり構造的に複雑で重要な部分はいくら見ても見るだけでは理解できないからである。

それまでのわが国の建物は構造的に単純なものであったが、仏教建築は重量のある大屋根を支えなければならないために、数多くの工夫をしている。まず屋根の重みは大きい垂木《たるき》で支えられ、そのあと順次、出桁《だしげた》、尾垂木《おだるき》、力肘木《ちからひじき》、斗拱《ときょう》、柱へと伝わる。また斗拱（組物）は屋根の重みがかかる桁や力肘木などの横材をしっかり支え、上からの力を柱に伝える構造上重要な働きをしている。

このような各部材を実物大でつくってこそ、見習い工たちは未知の仏教建築の構造を理解できるのである。つまり、新しい建築技法や工法を習得するには、なによりも実物大の部材をつくってみることが肝心なのである。

そこで、百済の造寺工はわが見習い工人たちに仏教建築の各部材の役目を効率的に説明するため、それらを実物大でつくらせ、さらには組立てながら構造的な仕組を理解させたと思われる。

一分の一の模型

わが国の見習い工たちは百済の造寺工の指導のもとに、仏教建築の部材を実物大でつくった。そうすることによって、見習い工は仏教建築の意匠の特徴を把握したであろうし、また各部材を組立てて構造の仕組を学んだのである。

しかし実物大の部材をすべてつくったわけではない。なぜなら、建築の場合、実物大の部材をすべてつくって組立てると、一つの仏教建築が完成して巨大な建築が出現することになるが、もはやこれは技法や工法の習得ではなく、一つの建築の建立になるからである。つまり、見習い工たちの技術習得期間中にはすべての部材を実物大でつくるのではなく、実際の建築の一部分だけ、たとえば構造的にも複雑で重要な建築の四隅の部分を一ヵ所だけ組立てるような方法がとられたのであろう。わたくしはこれだけでも、仏教建築がいかなるものであるのかを理解するには大いに効果があったと考えている。

ところで、実物大の部材をつくるには、実物大の模型があればもっともつくりやすい。すると百済の造寺工の来朝時に、模型やスケッチ・設計図とともに、一度百済で組立てられていた仏教建築が解体され、重要な四隅の部分などの部材は日本に運ばれていたのではあるまいか。百済から日本への運送は、船を使うかぎり大きさや重さはあまり問題にはならない。水があるところなら、海でも川でも船ほど容易に物資を運ぶものはないからである。

わたくしは百済の仏教建築を解体した部材をも実物大の、つまり一分の一の模型と呼びたいが、このような模型が見習い工たちの技術習得にはもっとも利用価値があったと思われる。というのも、建物全体の模型は二〇〇分の一とか三〇〇分の一ほどの縮尺となり、全体の意匠や大きさを知るためには便利だが、細部についてはわからないからである。

造寺工と見習い工たちの建立事跡

百済の造寺工が来朝したのが敏達六年（五七七）で、そのあとわが国の見習い工たちが造寺工の下で仏教建築の技法や工法の習得につとめたと思われるが、どれほどの期間でマスターできたかは残念ながらわからない。

しかしながら、百済の造寺工と見習い工たちが建立したものではないかと思われるものが、『日本書紀』や『元興寺縁起』に書かれている。『日本書紀』敏達十三年（五八四）是歳条には「馬子独り仏法に依りて、三の尼を崇敬す。乃ち三の尼を以て、氷田直《ひたのあたい》と達等《たつと》とに付して、衣食を供《まつ》らしむ。仏殿を宅の東方に経営《つく》りて弥勒の石像を安置す。（中略）馬子宿禰、亦、石川の宅に仏殿を修治《つく》る」と、また同じく敏達十四年（五八五）二月十五日条には、「蘇我大臣馬子宿禰、塔を大野丘の北に起《た》てて、大会の設斎《おがみ》す。即ち達等が前に獲たる舎利を以て、塔の柱頭に蔵《おさ》む」と書かれている。

前者によると、蘇我馬子は宅の東方と石川の宅に仏殿をつくり、また後者によると、馬子は大野丘の北に塔を立てたという。また『元興寺縁起』は大野丘の塔について「乙巳年（五八五）二月十五日、止由良佐岐《とよらさき》に刹柱を立てて大会を作《な》す」と記している。

宅の東の仏殿や石川の宅の仏殿、さらに大野丘の塔など、いずれも仏教公伝後の蘇我氏による仏法興隆を示すものとして有名な記事であるが、その場所は確認されておらず、当然ながらいかなる建築が立っていたかもわからない。

石川の宅につくったという仏殿は馬子の宅を改造したとも考えられるが、宅の東方につくった仏殿と大野丘の塔はあらたに建てた可能性が強い。大野丘の塔は『日本書紀』が塔と呼び、舎利を塔の柱頭に蔵したと説明し、『元興寺縁起』が刹柱という仏塔独自の部材名を記していることからすると、この塔は刹という心柱が通った中国創案の木造仏寺建築の形式を踏襲していたと思われる。

造仏工の養成

百済の造仏工はブロンズ作家

敏達《びだつ》六年に百済から造寺工とともに来朝したもう一人の工人が造仏工、日本風にいうと仏師であった。わが国初の仏像制作は『日本書紀』の記述によると、作者は画工《えたくみ》で樟《くす》の木彫像だったことから、わたくしはすでに、たとえ画工であっても造形作家で手本さえあれば木や石で立体造形の仏像彫刻をつくることは可能であるが、複雑な制作技法と工程を経なければ完成させることのできないブロンズ像となると、画工にはつくることができないと述べておいた。

したがって、わたくしの推定からすると敏達六年来朝の造仏工はブロンズ像制作の仏師ということになり、わが国のブロンズ像制作者の養成のために来朝した工人であった。百済の造仏工が果たさなければならなかった使命は、やがて日本でも建立されるであろう本格的伽藍をそなえた寺院の金堂に安置すべき本尊、すなわち丈六《じょうろく》金銅像の制作可能な造仏工を育てることであった。

仏像は人間の姿をモデルとした彫刻で、当時の日本人にとっては古墳時代の埴輪が同じく人間の姿をつくっているため、なじめない造形というわけではなかったが、眼にも鮮やかな鍍金を施した鋳造品の人形《ひとがた》を見るのははじめてで、その色彩と金属という材質にはいささかおどろかされたのではあるまいか。このようなブロンズ像の制作においては、まず仏像の形をつくることからはじまるから、スケッチが描けるという造形作家の能力と、これとは関係のない金属を溶融して鋳型に流し込むというかなり危険な鋳造家の技術を必要としていた。

百済の造仏工の周りには、このような能力をもった、あるいは関係のある若者がブロンズ像制作の見習い工人としてあつめられたのであろう。ブロンズ像制作学校（工房）が難波の大別王の寺にあったか、それとも飛鳥の地にあったかは造寺工の場合と同じくわからない。

ブロンズ像の制作

ブロンズ像の制作においては、先述のようにまず仏像の形をつくることからはじまるが、この作業はかつて画工がそうであったように、造形作家の能力がないとできない。造形作家の能力とは形態を拵えることができる、つまりスケッチが描けるということで、もちろん訓練によって習得することもできる。

百済の造仏工はまず仏像をスケッチすることから教えたはずで、見習い工たちが上達すれば、次は塑土《そど》（粘土）による立体造形（塑像）の習得となる。現存する飛鳥時代の仏像を見ると、いずれもその姿はよく似た形をしているが、これはおそらく、スケッチを描き、塑像をつくりながら仏像の形を学んでいく過程で、たとえば像高に対する面長・面幅・面奥・肩幅・臂・腕・脚・体奥等、肉身各部の大きさの比率のごときマニュアルがあって、そのような比率によって仏像の形をつくっていたからだと思われる。

そのマニュアルなるものは百済の造仏工が本国から携えてきたか、あるいは百済の造仏工がすでに体得していて、みずからつくる仏像が手引きとなっていたかであろう。これは当時百済で一般につくられていた仏像のマニュアルであった。

マニュアルによる仏像の形を塑土でつくれるようになると、やがてブロンズ像制作のための中型や蜜蠟による原型の制作へとすすみ、鋳型がつくられる。この鋳型づくりには造形作家の能力も必要だが、鋳込のための複雑な仕掛を施さなければならなかった。つまり鋳型づくりには鋳造家の特殊技能を要したのである。

次はいよいよ危険をともなう溶銅を扱う鋳込となるが、百済の造仏工は日本人の見習い工たちに仏像独特の複雑な形の鋳造技術や、最後の仕上げとなる有毒ガスの発生する水銀アマルガム法による鍍金術を教えたのであろう。

鞍作鳥仏師

飛鳥時代の仏師というと、多くの方は鞍作鳥（止利）仏師の名を想いおこすのではなかろうか。わが飛鳥寺の本尊である現飛鳥大仏の作者として、また法隆寺金堂本尊の釈迦三尊像の作者としてその名はあまりに有名である。飛鳥大仏は鎌倉時代に火災をうけ稚拙な修理が繰り返されたため、現在当初の姿をうかがうことはできないが、法隆寺の釈迦三尊の方はほぼ当初の姿を伝えている。

その釈迦三尊を目の当りにすると、その卓越した造形感覚は他の現存するいずれの仏像にもぬきん出ており、わたくしは鞍作鳥がいかに秀れた仏師であったかを今さらながら認識するのである。しかしながらこのように鞍作鳥が仏師としてスタートしたはじめから、秀れていたわけではあるまい。いうまでもなく何年にもわたる修業時代を経て、推古三十一年（六二三）には法隆寺の釈迦三尊像のような完成した造形作品をつくることができるようになっていたのである。

鞍作鳥のように仏師の名が現在にまで伝わることはあまり例がなく、飛鳥・白鳳・天平時代を通じてもきわめてめずらしい。飛鳥時代の彫刻作品の多くが止利式仏像あるいは止利様式と呼ばれていて、鞍作鳥はまさに飛鳥彫刻の代表者ということができる。鞍作鳥はその名が示すように、鞍つまり馬具製品をつくる家柄に生まれた人物であるが、飛鳥大仏や釈迦三尊のようなブロンズ像を制作する仏師に成長したのはいかなる理由なのか。いささか検証してみたい。

鞍作鳥の家庭環境

鞍作鳥はいま述べたように鞍をつくることを職業とした部民の出身で、鳥の父は多須奈、祖父は鞍部村主司馬達等《くらつくりのすぐりしばたっと》といった。この司馬達等は『扶桑略記』が孫引する延暦寺僧の「禅岑記《ぜんしんき》」なる一書によると、継体天皇十六年（五二二）に渡来した大唐の漢人で、大和国高市郡坂田原の草堂に仏像を安置して帰依《きえ》礼拝したという。

「禅岑記」のこの記事は欽明朝の仏教公伝以前の崇仏例として有名であるが、漢人はかならずしも中国からの渡来者ではなく、ほとんどは朝鮮半島の百済や伽耶《かや》から来たものであるから、司馬達等もおそらく百済人の可能性が強い。『日本書紀』によると、敏達十三年（五八四）九月に弥勒石像一軀と仏像一軀が百済から将来されると、達等は池辺氷田《いけべのひた》とともに馬子の命をうけて修行者を求め、播磨国で還俗尼僧《げんぞくにそう》の高麗恵便《こまのえべん》をさがし出し、馬子はこれを師とした。達等の女《むすめ》嶋《しま》とその弟子二人を出家させたが、嶋は善信尼といい、わが国初の尼僧となった。馬子が仏殿を宅の東につくり、弥勒石像を安置し、三人の尼僧を招いて法会を催していたとき、達等は斎食《いもい》の上に仏舎利を得て、馬子に献上したという。

このように、達等は仏教公伝後、馬子を助けて仏法の興隆につとめていたが、達等の子、鳥の父の鞍作多須奈は用明二年（五八七）天皇のために出家修道し、丈六の木彫仏と寺（坂田寺）をつくったが、崇峻天皇三年（五九〇）に出家して徳斉《とくさい》法師と称したという。また鳥の叔母の嶋はわが国最初の出家者となり、百済に留学したことはすでに述べたところである。

こうしてみると、鞍作鳥の家庭環境はまさに仏法漬であったといっても過言ではない。鳥はこうした仏教という新分野の文化の中で生まれ、成長していったのである。

鞍作からブロンズ像制作へ

鞍作はその名が示すように、本来馬具をつくることを職業とした部民で、その一族は鞍作部の長として部民を統率する伴造《とものみやつこ》に相当する氏族であった。一口に馬具といっても実用具の轡《くつわ》・鞍・鐙《あぶみ》もあれば装飾具の杏《ぎよう》葉《よう》・馬鐸《ばたく》もあって、また金属製もあれば木製の部分もある。もっともなじみのある鞍は乗り手が跨坐する居木《いぎ》が木製であるため古墳時代の出土品では腐食してのこらない。居木の前後の前輪《まえわ》と後輪《しずわ》は金属部分だけがのこる。藤ノ木古墳出土の前輪と後輪には、鬼神をはじめ鳳凰や象のようなめずらしい文様が透し彫されていて、マスコミが報道したのでご記憶の方もいるのではなかろうか。

このような馬具は乗馬の制の導入とともに輸入され、わが国でも製作されるようになったが、製作担当者はいうまでもなく朝鮮半島からの渡来系氏族で、鞍作氏はその馬具づくりを独占してきたのである。馬具という特殊な形の金属製品の製作自体がわが国には存在しなかったから、十分に独占的な職業になりえたのである。

それ故、馬具製作者には轡や鐙・杏葉・馬鐸といった特殊な形をつくり出す、つまり今でいう造形作家のような能力と、金属製品をつくる鋳造技術が必要であった。鞍作の一族はそのような能力と技術を伝統的に体得していたのである。わたくしは先ほどから、ブロンズ像の造仏工にはスケッチが描けるという造形作家の能力と鋳造家の技術が欠くべからざるものと述べてきたが、まさしく鞍作氏が体得していた能力と技術はブロンズ像の造仏工の条件に一致する。

つまり、鞍作一族の伝統的な職掌に司馬達等以来の仏教との深い関係から、ブロンズ像の制作というわが国では未知の職業分野に一族の誰かが進む環境はすでにととのっていたのである。おそらく鞍作鳥は百済の造仏工が渡来した敏達六年以後のある時点で、ブロンズ像の造仏工となるために鞍作一族から多大の期待をもって百済の造仏工のもとに送り出されたのであろう。

鳥の造仏工房への入門

鞍作鳥は鞍作部という特殊技能をもった家柄に生まれ、仏教との関係が緊密な家庭環境に育ったことから、ブロンズ像制作の道に進んだと思われるが、百済の造仏工の工房に弟子入りしたとき、年齢はいくつであったのか。ブロンズ像の制作という特殊技術習得のための弟子入りということになると、当然ながら若いほどよいが、若いといっても十歳以下ではあまりに幼すぎる。やはり十歳から十五歳の年齢ではなかったかと推測したい。

鳥の入門時を百済の造仏工の渡来した敏達六年（五七七）とすると、飛鳥寺の発願年の用明二年（五八七）には二十歳から二十五歳となり、さらに法隆寺の釈迦三尊像を完成させた推古三十一年（六二三）には五十六歳から六十一歳となって、あの釈迦三尊像の完成された造形美の作者としてふさわしい年齢となろう。

もっとも、鳥の入門時（敏達六年・五七七）の年齢を十歳から十五歳とすると、叔母の嶋（善信尼）と年齢が逆転していたことになる。というのも、『日本書紀』敏達十三年（五八四）条によると嶋はそのとき十一歳であったというし、『元興寺縁起』は敏達十二年（五八三）に十七歳であったとするから、嶋は鳥より下か、上でも接近していたことになる。しかし古代においては叔父・叔母と甥・姪の年齢が接近したり逆転することは往々にしてあったから、鳥と嶋は年齢が接近していたか、あるいは逆転していた可能性もあろう。

鳥の造仏技法の習得

鳥が百済の造仏工の工房に入門した当時、どれほどの日本人の見習い工が弟子入りしていたのかはわからない。鳥はもちろん見習い工の一人であったが、もともと馬具製作者の出身であるから、絵を描くという造形作業にはことのほか興味をもっていたはずで、わたくしはこの能力が造仏工という造形作家となる基本条件であったと考えている。

鳥はまずはじめに百済の造仏工より仏像を描くことを学んだ。百済から携行した百済様式の金銅仏を見せられたことはいうまでもあるまい。さらに、先述した仏像の像高に対する肉身各部の大きさの比率を図解したマニュアルにのっとって、百済様式の仏像の形を習得した。

やがて平面造形から立体造形へと進むが、ここからが仏像彫刻の世界である。まず塑像づくりを繰り返して立体造形を理解すると、次は鋳型づくりである。鋳型をつくるまでにどのくらいの期間を要したのか、皆目わからないが、次の鋳込となると鞍作氏伝統の鋳造技術が役立ったことと思われる。馬具の鋳造に較べるとブロンズ像の鋳造は規模が大きく複雑で、けっして同一に語ることはできないが、それでも溶銅を扱うという特殊技術は同じであるから、ブロンズ像の鋳込作業において鳥は他の見習い工よりも親近感をもっていたはずである。このような鳥がブロンズ像制作工房の中から頭角をあらわしていったのであろう。

飛鳥寺の発願と造営

飛鳥寺の発願

発願の経緯

『日本書紀』崇峻《すしゅん》天皇即位前紀（用明二年・五八七）には、用明天皇が四月に崩御したあと、蘇我《そが》馬子《のうまこ》と物部守屋《もののべのもりや》が皇位継承をめぐって対立したことを記している。ついで七月になると、馬子は諸皇子とともに守屋を討たんとして軍兵を河内国にすすめるが、そのとき聖徳太子は四天王に戦勝祈願をし、勝利を得たならかならず四天王寺を建てることを誓った。

また馬子も次のような誓いを発《た》てた。すなわち、「凡そ諸天王・大神王等、我を助け衛《まも》りて、利益《か》つこと獲《え》しめたまわば、願くは当《まさ》に諸天と大神王との奉為《おおんため》に、寺塔を起立《た》てて、三宝を流通《つた》えむ」と。やがて守屋を討ち、摂津国に四天王寺が、飛鳥の地に法興寺、つまり飛鳥寺《あすかでら》が建てられたという。

以上が『日本書紀』の伝える飛鳥寺の発願《ほつがん》の経緯である。これによると、飛鳥寺は用明二年の馬子と守屋の戦いにおける戦勝祈願として発願されたようである。

一方、『元興寺縁起《がんごうじえんぎ》』には、丁未年（用明二年・五八七）に百済の客が日本には尼寺しかなく、法師寺（僧寺）がないので法師寺をつくることを申したため、用明天皇が後の推古天皇と聖徳太子に対して「法師寺を作るべき処を見定めよ」といったことが、飛鳥寺の発願を示すかのように書かれている。

両者の伝える飛鳥寺の発願に関する経緯や理由はまったく一致せず、どちらが信用できるかにわかに判断しがたい。しかしともに発願年は用明天皇二年（五八七・丁未）で一致している。

二つの文献の検討

『日本書紀』は飛鳥寺の発願を四天王寺と同じく戦勝祈願によるとし、あたかも両者は同時に建立されたように記しているが、四天王寺の出土瓦からみると四天王寺は飛鳥寺の次に建てられた創建法隆寺よりもさらに遅れるというから、四天王寺飛鳥寺同時建立説は信用できない。すると馬子が戦勝祈願をすることによって建立したという飛鳥寺の発願理由そのものもおかしくなる。

一方の『元興寺縁起』ではわが国には尼寺しかなく、それ故僧寺をつくるようにと進言した百済の客の言を嘘と極め付けることはできない。しかし、そこに用明天皇が登場して後の推古天皇と聖徳太子に寺をつくるところを見定めさせたと記して、飛鳥寺の発願者たる馬子を完全に無視している。そのあと聖徳太子と馬子がともに寺を建てるところを見定めたと、やっと馬子を登場させるのである。この『元興寺縁起』は仏教公伝以来、仏教興隆に関することを歴代の天皇や聖徳太子と関連づけて記しているため、この部分もそのまま信じることはできない。

要するに『日本書紀』の戦勝祈願によって飛鳥寺をつくることになったとする部分と、『元興寺縁起』の用明天皇の命によって後の推古天皇と聖徳太子が飛鳥寺の寺地を見定めたという部分は信用できないということになろう。すると両者の信用できそうな部分は、『日本書紀』の発願年の用明二年と発願者が馬子ということと、『元興寺縁起』の用明二年現在、尼寺しかなく僧寺の建立が要請されていたということになる。

発願の真相

飛鳥寺の発願に関する『日本書紀』と『元興寺縁起』の記述はとうていそのまま信ずることはできないが、わたくしは両者が一致する発願年は信用してもよいと考えている。

なぜなら、飛鳥寺の建立に際し、崇峻元年（五八八）に百済から僧侶と工人が送られてきたことが『日本書紀』と『元興寺縁起』と塔露盤銘に記されているからである。つまり、飛鳥寺の建立に際して百済から僧侶や工人が渡来してきたのは、その前にわが国で飛鳥寺の建立の計画があった、すなわち発願があったということになり、用明二年（五八七）の飛鳥寺の発願を否定することはできないからである。

それでは飛鳥寺の発願の真相は何かというと、馬子が用明天皇の崩御後、政敵の物部守屋を滅亡させたことで、馬子の政治に反対する勢力がなくなり、かねてよりすすめていた仏法興隆をここで一挙に進展させるべく、仏法興隆のシンボルたる本格伽藍の寺院、すなわち飛鳥寺を建立しようとしたことにある。いうまでもなく、それまで本格的伽藍の寺院はなかったし、活動していたのは百済に留学したことのある善信尼たちのいた尼寺だけであったから、『元興寺縁起』のいうように僧のいる本格寺院の建立がまたれていたのは事実で、そのことも飛鳥寺発願の引き金になっていたと思われる。

飛鳥寺の発願が用明二年にあったことはおおむね今述べてきたことになろうが、わたくしは次のこともぜひとも指摘しておきたい。それは敏達六年（五七七）に渡来してきた百済の造寺工と造仏工のもとに弟子入りしていた見習い工人たちがやっとこのころ（用明二年・五八七）一人前の造寺工と造仏工に成長していた、そこで馬子は本格伽藍建立のゴーサインを出すことになったのではないかということである。

本格伽藍をつくる工人たちがいなければ、いくら馬子が笛吹けど本格寺院を建てることはできない。飛鳥寺の発願は、まずわが国の工人たちの成長があって、そこに馬子をめぐる種々の障害が飛鳥寺建立へと好転したと解すべきであろう。

僧侶と工人の渡来

飛鳥寺の建立に際し、百済から僧侶と工人が送られてきているが、これについて『日本書紀』崇峻元年（五八八）条には「是歳、百済国、使幷て僧恵総《えそう》・令斤《りょうこん》・恵寔《えしょく》等を遣して、仏の舎利を献る。百済国、恩率首信《おんそちすしん》・徳率《とくそち》蓋文《こうもん》・那率福富味身《なそちふくふみしん》等を遣して、調《みつぎ》進《たてまつ》り、幷て仏の舎利、僧、聆照《りょうしょう》律師・令威・恵衆・恵宿・道厳《どうごん》・令開《りょうけ》等、寺工太良未太《だらみだ》・文賈古子《もんけこし》・鑪盤《ろばん》博士将徳白昧淳《しょうとくはくまいじゅん》・瓦博士麻奈《まな》文奴《もんぬ》・陽貴文《ようくいもん》・㥄貴文《りょうくいもん》・昔麻帝弥《しゃくまたいみ》、画工白加《びゃくか》を献る」とある。

また『元興寺縁起』には「次いで椋橋《くらはし》天皇天の下治しめしし時、戊申年六口の僧、名は令照律師・弟子恵忩、令威法師・弟子恵勲、道厳法師・弟子令契、及び恩率首真等四口の工人、幷びに金堂の本様《ためし》を送り奉上《たてまつ》りき。今此の寺に在る、是れなり」と記されている。

さらに塔露盤銘には「戊申、始めて百済の主、名は昌王に法師及び諸仏等を請ず。故《かれ》、釈令照律師・恵聡法師、鏤盤師将徳自昧淳、寺師丈羅未大《だらみだ》・文賈古子《もんけこし》、瓦師麻那文奴《まなもんぬ》・陽貴文・布陵貴・昔麻帝弥《しゃくまたいみ》を遣し上《たてまつ》る（下略）」とある。

三つの文献に記されている僧侶や工人の名は微妙に異なっているが、大きな異同は前二者が僧侶や工人の渡来を崇峻元年・戊申の年とするのに対し、後者は戊申の年に僧と仏像を請い、そのあと僧と工人の渡来を記していることであろう。したがって、正確にいえば、露盤銘によると僧と工人の渡来した年は渡来を要請した戊申の年であるかもしれないが、そのあとの可能性もあるのである。

渡来僧の人数

飛鳥寺の建立に際し、百済から僧侶が送られてきているが、この時点でわが国に僧侶はいなかったのであろうか。欽明朝の仏教公伝以来すでに五〇年近くの年月が過ぎているが、そのころになってもわが国には仏教活動をするような僧侶はまだいなかったということであろう。

というのも、当時のわが国では尼僧は善信尼たち三人がいて、彼女たちは百済に留学までして活動していたことが『日本書紀』や『元興寺縁起』によって確認できるが、僧侶となると敏達六年に造寺工や造仏工とともに渡来してきた律師と禅師の二人以外で、その存在を確認できるものはいない。おそらく仏教活動のできる日本人僧侶はまだいなかった可能性が強いからである。そこで本格的伽藍の飛鳥寺を建てるにあたって、飛鳥寺建立の施主たる蘇我馬子は寺院活動を支え、しかも日本人僧侶を育成する僧侶を百済から招聘することを決定したのであろう。

ところで、このときの渡来僧について『日本書紀』ははじめ三人、次に六人の名を記していて、九人もの僧侶が渡来したようである。しかし三人の僧名と六人の僧名には、たとえば恵総—恵衆、令斤—令開、恵寔—恵宿などは字音が通じるともいわれ、するとこの部分は『日本書紀』の記事の重複という可能性もあって、渡来僧は六人ということになろう。『元興寺縁起』には師弟関係の僧侶が三組、計六人の僧名が書かれているから、『日本書紀』が六人なら『元興寺縁起』の六人と一致する。

こうしてみると、『日本書紀』と『元興寺縁起』の六人は、三者のうちもっとも成立の古い露盤銘の二人とは明らかに異なる。つまり『日本書紀』と『元興寺縁起』は露盤銘の記述を見ることができたにもかかわらず、僧名（人数）に関しては露盤銘のような金石文ではなく、たとえば飛鳥寺に伝来していた創立に関する古記録などによって記したものと思われる。

露盤銘

露盤銘と露盤

飛鳥寺の創立に関する文献史料のうち、露盤銘というのは、飛鳥寺の仏塔の露盤に記されていた銘文のことである。残念なことに、鎌倉時代のはじめの建久七年（一一九六）に仏塔とともに焼失して実物は伝わらない。

しかし、仏塔がまだ立っているときに写し採られた露盤銘が『元興寺縁起』に引用されていて、われわれは現在それによって露盤銘を知ることができるのである。ただし、人間の手によって書写されたものであるから、当然ながら原文通りというわけにはいかない。誤字・脱字があることを承知して読むべきであろう。

それでは露盤とは何か。もともと中国では露盤は承露盤《しょうろばん》の略称で、不老不死の仙薬として天上の甘露を承《う》ける盤、つまり「さら」であった。天上の清露を求めて前漢の武帝が造立した承露《しょうろ》仙人《せんにん》掌《しょう》にはじまるものだから、仏教とはなんの関係もなかった。ところが、インドのスツゥーパの上につけられていた傘蓋《さんがい》（かさ）を見た古代中国人は、その形が自分たちの知っていた露盤と同じであったことから、ただし形が同じでも「かさ」と「さら」の用途は上下がまるきり逆であるが、仏塔の上の傘蓋を露盤と呼ぶようになったのである。

北魏の洛陽に建てられた世界最高の仏塔であった永寧寺の九重《くじゅうの》塔《とう》について、『洛陽伽藍記』は「承露金盤三十重」と記しているから、この九重塔には今の日本にのこる仏塔の九輪《くりん》の代りに傘蓋が三〇も重なってついていたのである。

傘蓋と九輪　インドのスツゥーパに傘蓋がつけられるのは、その下に偉大で高貴なる釈尊の遺骨（舎利）が埋葬されているからである。「かさ」という小道具はその下（中）にいる人が身分の高いことを示すものとして古くから使用されてきた。仏像が天蓋《てんがい》の下に置かれるのも仏像が聖なるものであるからにほかならない。インドのスツゥーパには傘蓋を何重にも重ねているものがあるが、これはそれだけ釈尊が貴い存在であったことを示すものである。

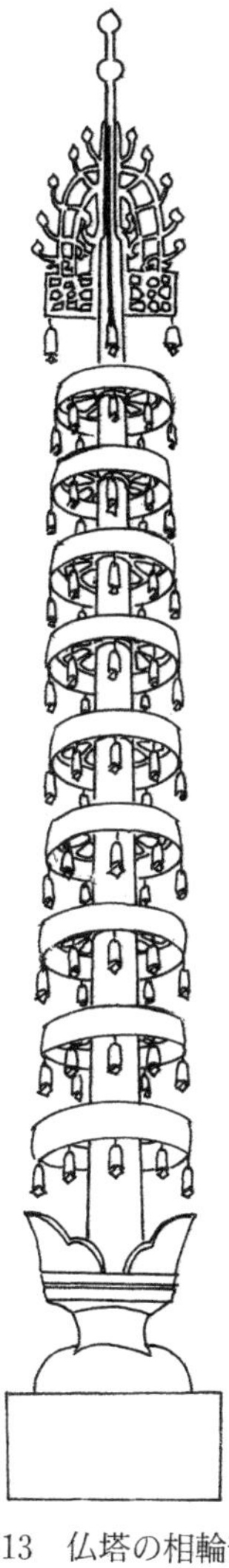

図13　仏塔の相輪部

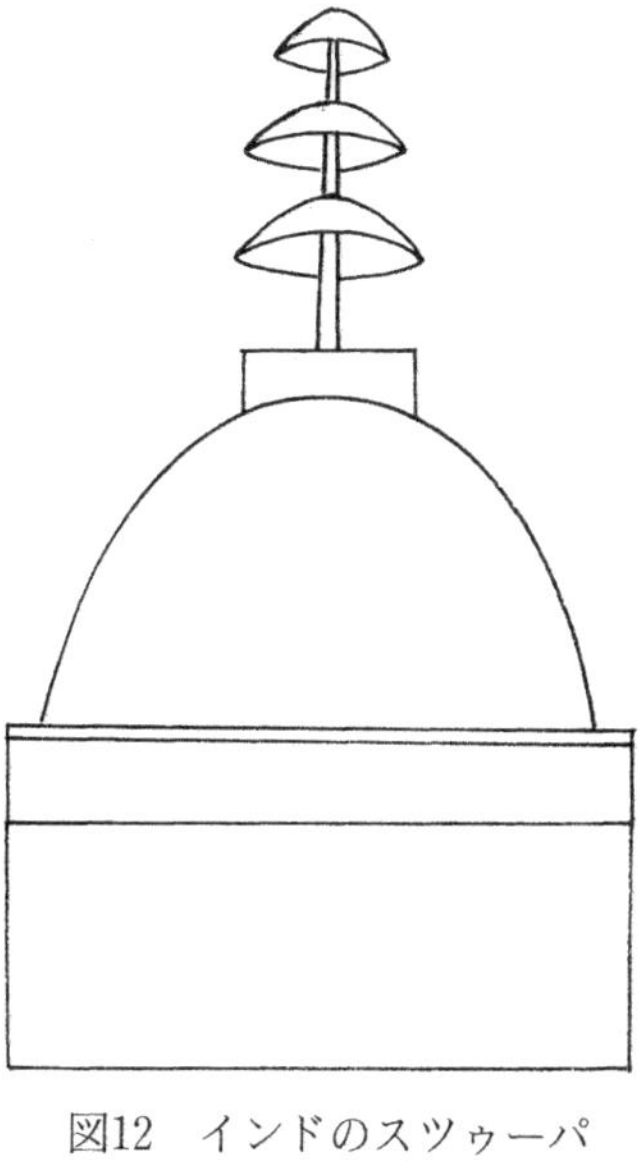

図12　インドのスツゥーパ

中国で仏教とはもともと縁のない承露盤がスツゥーパの傘蓋を指す語として使われ、これがそもそもの誤解のはじまりであったが、その略称の露盤が一人歩きをはじめると、本来の字義はますますうすれていった。さらに誤解を深めたのはスツゥーパの上に傘蓋ではなく車輪形がつくものもあって、先述のように現存するわが国の仏塔の上には車輪形が九個、つまり九輪がついているのである。車輪形は仏教でいう法輪で、初転法輪《しょてんぼうりん》は釈尊が成道《じょうどう》後はじめてサールナートで仏教の教えを説いたことを意味する語で、法輪はインド以来仏教美術でしばしば用いられてきた聖なる形であった。この法輪が仏塔の上に、傘蓋の代りにつけられるようになった経緯についてははっきりしない。もっとも傘蓋がつけられているとき、一方で法輪がつけられた仏塔が併存していた可能性もある。

おそらく中国に仏塔が伝来したとき、傘蓋のつくものと九輪のつくものの二種類があったと思われる。しかし、朝鮮半島を経てわが国に伝わってきたのは九輪のつく仏塔であった。建築としての仏塔ではないが、小さな仏塔形では法隆寺金堂の多聞天のもつ仏塔形には傘蓋がついている。

露盤に対する誤解

わが国に伝わった仏塔は屋根の上に九輪のつく形式で、「かさ（さら）」はなかったが、その名称たる露盤はそのまま伝わっていた。

そのため、仏塔の屋根の上の、現在相輪《そうりん》と呼んでいる金属部分全体のうちどの部分を露盤と称するのかわからず、ここに第二の誤解がわが国で生ずることとなった。

おそらくわが国初の本格的伽藍の飛鳥寺の仏塔には九輪がついていたのであろう。前掲『日本書紀』は飛鳥寺建立のために渡来した工人を「鑪盤博士」と記しているが、これは鑪にヒドコ・ヒバチ・オオガメという字訓があることからすると、現在伏鉢と呼んでいる九輪の下の半球形の部分を露盤、つまり鑪盤と解し、それをつくる工人を鑪盤博士と記したのであろう。

また露盤銘には「鏤盤師」とあるが、これも露盤の本来の意味がわからないためにおこった誤記といえよう。さらに平安時代の『法隆寺別当次第』によると、伏鉢の下の箱状の部分を露盤、あるいは地盤と呼んでいたようである。今でもこの部分を露盤と思っている人がいるが、露盤の字義からすれば箱状の形を露盤と解することはまず不可能であろう。

このように、露盤が仏塔のどの部分を指すのかわからなくなったのは、最初の飛鳥寺の仏塔には「かさ（さら）」がなく、九輪がついていたからだというのがわたくしの解釈である。そのため伏鉢を鑪盤と記したり、箱状の部分を露盤・地盤と称することともなったが、さらには仏塔の屋根の上に突き出た金属部分全体を露盤と呼んでいたときもあった。

もっともこの金属部分全体を今では相輪と呼ぶことが多いが、相輪の語ももとは上下逆の輪相で、九輪を指す語であった。

銘文の刻まれた位置

仏塔の屋根の上に天をも突き刺すように高く刹柱がのびるが、この刹柱を銅板で包んだ部分を刹管《さっかん》という。この刹管の一番下の部分の箱状のものを現在は露盤と称し、その上に下から順に伏鉢・九輪・水煙・竜車《りゅうしゃ》・宝珠と呼ばれる部分がついている。以上の金属部分全体を相輪、さらに露盤と呼ぶ場合もあるが、わが国の塔には「かさ（さら）」がない以上、露盤と呼ぶことが誤解であることはすでに述べたところである。

つまり、「かさ」である露盤がない場合、露盤銘はどこに書かれていたのであろうか。現在、奈良時代以前に書かれたものとして実物の銘文が伝存するもの二例、飛鳥寺のように実物はすでになく銘文が引用されているもの一例がある。

かつて黒田朋心が「氷れる音楽」と評した薬師寺の東塔には、古来、東塔檫銘《さつめい》と称されてきた銘文が刹管の最下部の西側表面に刻まれている。わたくしも東塔の屋根の上で内心ビクビクしながらこの檫銘を実見して、刹管の表面に陰刻された文字のシャープさに興奮したことがある。また奈良時代のはじめに建てられた粟原寺《おおばらでら》の塔は現在伏鉢だけが談山《だんざん》神社に伝来しているが、その曲面に銘文が刻まれている。次に法起寺《ほっきじ》には三重塔が現存するが、仏塔の上の金属部分は当初のものではないから、そこに銘文はない。しかし鎌倉時代の『聖徳太子伝私記』に法起寺塔露盤銘なるものが引用されているが、私見によるとこの銘文は伏鉢の下の箱状の部分に刻まれていた可能性が強い。

以上三例からすると、飛鳥寺の露盤銘も刹管か、伏鉢か、箱状部分のいずれかに陰刻されていたと思われる。

飛鳥寺の露盤銘

飛鳥寺の露盤銘は天平十九年（七四七）の『元興寺縁起』に引用されているから、この銘文は天平十九年以前に原銘文から写し採られていたものを引用したのであろう。その場合、仏塔の屋根の上で直接銘文を写し採ることも可能だが、おそらくは当初露盤銘として陰刻される前に撰文されたものがそのまま史料として飛鳥寺に伝来し、これを天平十九年に『元興寺縁起』が引用したのであろう。

『元興寺縁起』と、そこに引用されている露盤銘や丈六光銘については、戦前福山敏男氏が詳細な研究を発表している。われわれはこの福山氏の研究に負うところ大といわねばならないが、福山氏によると、この露盤銘の前半は蘇我氏滅亡の直後ごろ書かれたもので、後半の「戊申」以下の部分が当初から飛鳥寺の塔の露盤に刻まれた原銘文であるという。

それではここで、福山氏が原銘文という飛鳥寺の露盤銘を記しておきたい。先ほど飛鳥寺の建立に際して百済から送られてきた僧侶と工人に関する史料として一部紹介したが、重複をいとわず全文を掲載する。

戊申、始請百済主名昌王法師及諸仏等、故、遣上釈令照律師、恵聡法師、鏤盤師将徳自昧淳、寺師丈羅未大、文賈古子、瓦師麻那文奴、陽貴文、布陵貴、昔麻帝弥。令作奉者、山東漢大費直名麻高垢鬼、名意等加斯費直也。書人百加博士、陽古博士、丙辰年十一月既。爾時使作□人等、意奴弥首名辰星也、阿沙都麻首名未沙乃也、鞍部首名加羅爾也、山西首名都鬼也、以四部首為将、諸手使作奉也。

（戊申始めて百済の主、名は昌王に法師及び諸仏等を請ず。故《かれ》、釈令照律師・恵聡法師、鏤盤師将徳自昧淳、寺師丈羅未大・文賈古子、瓦師麻那文奴・陽貴文・布陵貴・昔麻帝弥を遺し上る。作り奉らしむる者は、山東漢大費直《やまとのあやのおおあたい》名は麻高垢鬼、名は意等《おと》加斯《かし》費直なり。書人は百加博士・陽古博士。丙辰年十一月既《な》る。その時、作金しむる人等は意奴弥《おぬみ》首名は辰星、阿沙都麻《あさつま》首名は未沙乃、鞍部首名は加羅爾、山西《かわち》首名は都鬼なり。四部の首を以て将と為し、諸の手《ひと》をして作り奉らしむるなり。）

飛鳥寺の建立

寺地の決定

飛鳥寺《あすかでら》が発願《ほつがん》されたのは用明二年（五八七）のことで、翌年百済から僧侶と工人が渡来する。ここでは発願からどのような過程を経て飛鳥寺が建立されていったかを検証してみたい。

『元興寺縁起』には、丁未《ひのとのひつじ》年（用明二年）に百済の客が日本には尼寺しかなく僧寺がないので、僧寺をつくるようにと申したことをうけ、用明天皇がのちの推古天皇と聖徳太子に僧寺をつくるべき地を見定めよと告げた。そこで聖徳太子と蘇我馬子が寺地を見定めたというのである。ここに登場する僧寺が飛鳥寺で、発願の年に寺を建てる所を決定したようである。

飛鳥寺の発願や寺地の決定に用明天皇やのちの推古天皇、さらに聖徳太子までかかわるという『元興寺縁起』の記述はにわかに信用できないが、発願につづいて寺院建設地を決定することは寺院建立のプログラムからみても妥当なことと思われる。

『日本書紀』崇峻天皇元年（五八八）是歳の条には「飛鳥衣縫造《きぬぬいのみやつこの》祖樹葉《おやこのは》の家を壊《こぼ》ちて、始めて法興寺を作る」と記されているが、飛鳥寺の建設予定地にあった飛鳥衣縫造の民家を取り除いて寺をつくるというのであるから、その前に寺地は決定していなくてはならない。したがって、建設予定地にあった民家を壊した崇峻元年の前年に建設予定地を決定したという『元興寺縁起』の記述は認められよう。

飛鳥衣縫造祖樹葉の家

飛鳥寺の建設予定地には民家があった。飛鳥衣縫造祖樹葉にしてみれば降って湧いたような災難で、まことに迷惑な話であろう。しかし、仏教という新しい文化文明の拠点を築くためには立退《たちの》きもやむをえなかったのかもしれない。おそらく飛鳥衣縫造祖樹葉はわが国における開発推進のために立退きを余儀無くされた犠牲者第一号といえる。

昭和三十一年（一九五六）の飛鳥寺の発掘調査のときに中金堂の西側で古墳時代後期の土師器や陶器の包含層がみつかり、さらに炉も検出された。これこそ飛鳥寺が建てられる前にここに飛鳥衣縫造祖樹葉の家が建っていたことをうかがわせるものといえよう。この地は飛鳥の中心地で、南は平地が広がり西には甘橿丘《あまかしのおか》、その下を飛鳥川が流れるところで、当然飛鳥人も住んでいたわけで、馬子はここを日本の仏教文化の拠点にしようとしたのである。

そのために飛鳥衣縫造祖樹葉の家が取り除かれることになったが、その民家の痕跡と思われるものは中金堂の西側でみつかっている。飛鳥寺の発掘調査以後、飛鳥寺の寺地は東西、南北とも二町（約二一二メートル）の広さをもつと復原されてきたが、その後の調査で南北は三二四メートルあることがわかった。回廊で囲まれた中心伽藍は広大な寺地の西南部の一画を占めているが、このような広大な寺地が発願当初から確保されていたかどうかはわからない。

仮垣・仮僧房を建てる

用明二年（五八七）に飛鳥寺の建立が発願されると、さっそく寺院建設用地が飛鳥真神原《まがみのはら》に決定した。翌崇峻元年（五八八）には用地内にあった飛鳥衣縫造祖樹葉の家を壊したというが、飛鳥寺の造営工事は実質このときにはじまるのである。

当時の民家は簡単な構造であったから、容易に壊せたであろうし、そのあと整地作業がおこなわれたと思われる。しかし、広大な建設用地全域にわたって整地されたかどうかはわからない。『元興寺縁起』には、「時に聡耳皇子・馬古大臣の二柱、共に法師寺を起つる処に、戊申年を以て仮垣・仮僧房を作り、六口の法師等を住まわしめき。又、桜井寺の内に屋《やかた》を作りて工《たくみ》等を住まわしめ、二寺を作らんが為に、寺木を作らしめき」と記されている。

聡耳皇子、つまり聖徳太子云々は信じられないが、馬子が用地内に戊申（崇峻元年・五八八）に仮垣・仮僧房をつくって、百済から渡来した六人の僧を住まわせたという記述はなんら不自然なものではない。しかし、僧とともに渡来した工人たちを桜井寺に屋を建てて住まわせ、二寺つまり僧寺（飛鳥寺）と尼寺（豊浦寺《とゆらでら》）を建てるための部材を加工させたというのは、いささか信じ難い。飛鳥寺の建立がいつしか二寺の建立になったり、発願の翌年にはやくも建築部材が加工されること等はまずありえないからである。

伽藍の設計と杣取り

各種部材の加工、つまり木づくりをするにはまず山から木材を伐り出さなければならない。いわゆる杣《そまど》取りである。すでに再三述べてきたように、寺院建築は巨大木造建築であったから、大木のヒノキの原木を求めたはずである。

今の法隆寺金堂の直径二尺二寸（約六六㌢）の柱をつくるためにはその倍以上の直径五尺（約一・五㍍）の大木のヒノキが必要であったというから、わが国初の本格的な仏教建築の飛鳥寺を建立するにあたって、百済の造寺工はまずヒノキの大木を調達することからはじめたと思われる。飛鳥地方の近くの山からヒノキの大木を探して伐《き》り出し、心《しん》をよけるために二つに割って運搬した。

川があれば筏《いかだ》にして流すと、その間に木材の樹液が水に溶け出し、乾燥に役立った。木材は乾燥してから木づくりをするのであるから、相当期間放置して自然に乾燥するのを待ったと思われる。だから、『元興寺縁起』が発願の翌年に木づくりがあったように記しているのはとうてい信ずることはできないのである。

ところで、木材の調達は建物の設計にのっとってはじまる。つまり設計が決まるとそれにしたがって必要な木材の量を計算し、そこで杣取りがはじまるのである。用明二年（五八七）に寺の建立が発願され、つづいて寺院建設用地が決まり、翌崇峻元年（五八八）に百済から造寺工が渡来すると、彼らはまず整地されつつあった建設用地を実見し、そこにどのような伽藍を建てるかを検討して図面を引いたと思われる。

飛鳥寺の建立が発願された用明二年（五八七）について、先ほどわたくしは敏達六年（五七七）に渡来した百済の造寺工と造仏工のもとに弟子入りしていた見習い工人たちが、やっとこのころ（用明二年）それぞれの技術・技法を習得して一人前の造寺工と造仏工に成長していたからこそ、馬子はわが国初の本格伽藍建立のゴーサインを出すことになったのではないかと記した。

そのことを伝える文献史料は何もないが、敏達六年の工人の渡来と用明二年の飛鳥寺の発願という二つのことから、わたくしはそのようであったと確信している。敏達六年当時百済の造寺工と造仏工に弟子入りした日本人の見習い工の人数を伝えるものはない。しかし、造寺工と造仏工のそれぞれに一人や二人の見習い工しか弟子入りしていなかったとはとうてい思えない。

なぜなら、巨大木造建築の仏教建築と金銅の仏像というものを当時の日本人は誰一人見たことがなかった。つまりそれらは未知なる文化であった。そのような状況で未知なる文化をつくり出すためには、それぞれの技術や技法を習得した工人をできるだけ多く必要としていたはずだからである。わたくしはそれぞれの工人に弟子入りした見習い工人は少くとも一〇人はいたのではないかと考えている。もちろん見習い工たちはすでに述べたよう

飛鳥寺造営集団

に生産的な職能集団の部民の若者の中から選ばれたのであろう。造仏工のもとに送り込まれた一人が鞍作鳥であったことはすでに述べたところである。

こうしておよそ一〇年の歳月を費してわが見習い工たちは一人前の造寺工・造仏工として養成されたのである。仏教公伝以来およそ五〇年、わが国にも仏教文化の拠点たる本格伽藍を建立することのできる工人集団が誕生したのである。飛鳥寺造営集団とでも呼んだのであろうか。

造寺工グループ

飛鳥寺を建立するための工人集団の組織はいうまでもなく、造寺工と造仏工のグループからなっていた。おそらく、大規模の建築を建立する造寺工たちの方が金銅仏をつくる造仏工より人数も多く、組織も大きかったのではあるまいか。

建築の場合、杣取りした木材を乾燥し、木づくりをして各種部材に仕上げ、順次組立てていく。これが造寺工の主たる任務であろうが、現実にはまず用地を測量し、図面通りにどこに何を建てるか決めなければならない。用地内に建物の建つ地点が決定すると、地面まで掘り下げて版築《はんちく》工法によって強固な基壇を造成する。一方、採石場からは礎石にする石を切り出し、柱をうけるように加工して、基壇上の所定の地点に据えられた。ここまでの工程が終っていないと、木づくりされた柱は立たないし、梁《はり》も桁《けた》も架けることができないのである。やがて建物が建つと漆喰壁《しっくいかべ》が塗られ、柱や梁は朱色で彩色される。

このように、一つの仏教建築を建てるということは、木づくりや架構以外にも造寺工は果たさなければならない専門の職種があまりに多かったのである。敏達六年に渡来して一〇年、この間に百済の造寺工は測量の技術や版築の工法、礎石の加工、漆喰壁の造法、さらに彩色の技法等について、日本の見習い工たちに教授していたのであろう。

こうしたさまざまな技術を習得していた造寺工がいたはずであるから、造寺工のグループはおのずと人数が多く、組織も大きくなったのである。このような日本人造寺工を統率していたのが百済の造寺工ということになろう。

造仏工グループ

飛鳥時代の造仏工、すなわち仏師として鞍作鳥の名はあまりに有名である。わたくしは、この鞍作鳥こそ敏達六年ごろから百済の造仏工のもとで見習い工として学び、およそ一〇年の間に金銅仏の造仏技法を習得していちはやく頭角をあらわした人物であったと推測している。

鞍作鳥が習得した金銅仏の制作は、小さなものであれば造仏工は一人で中型や原形・外型をつくり、さらに鋳込までも一人でおこなったと思われる。もっともそれを手伝う補助員の手元《てもと》がいたことはいうまでもないが、原則一人の造仏工が小金銅仏ならつくることはできた。しかしながら、仏像制作が小からしだいに大きくなって等身へとすすみ、あるいは小でも数量がふえると、一人の造仏工とその手元だけでは仏像の制作を維持できなくなる。そのような段階になると、つまり見習い工たちが一人前になるころに分業がおこったのである。

大きく分けると塑土で原形をつくる造形部門の造仏工と、鋳込を担当する鋳造部門の造仏工というような分業がはじまり、それを支える手元たちの数も相当にふえたと思われる。一〇年も学んでいれば、リーダーとなりうる人物も出てくるし、逆にその下で指示をうける人物もいたはずで、おのずと〈リーダー的造仏工―一般造仏工―手元〉という職制が生まれていたのであろう。

飛鳥寺の発願を迎えるころ、百済の造仏工の下で学んでいた見習い工たちの中からリーダーとなる鞍作鳥が浮上し、その下に造仏の技法を習得した一般造仏工が控えるという構図ができあがりつつあった。いうなれば鞍作鳥は百済の造仏工の代理をつとめる造仏工であり、金銅仏制作の造形部門と鋳造部門の双方に長じていたのである。

飛鳥寺の発願時の用明二年の時点で、わが国には本格伽藍を建立するための工人はすでに見習い工から一人前に成長していた。すなわち先述の造寺工と造仏工のグループで、造仏工にはリーダー格の鞍作鳥が師の百済の造仏工に匹敵するほどの技術・技法を習得していたと思われる。一〇年の歳月をかけて育成した日本人の工人たちをあつめて、飛鳥寺造営集団なるものが組織されていたのであろう。

造寺工の再招聘

ところが、すでに述べたように飛鳥寺建立のために、百済から再度工人を招聘《しょうへい》しているのである。すなわち『日本書紀』・『元興寺縁起』・露盤銘はいずれも飛鳥寺建立のために百済から工人が渡来したことを記している。

工人の職種と人数をみると、『日本書紀』は寺工二人、鑪盤博士一人、瓦博士四人、画工一人の四種八人の工人の渡来を伝え、露盤銘は鏤盤師一人、寺師二人、瓦師四人の三種七人の工人の渡来を記したあとに、書人百加博士・陽古博士の名を連ねている。また『元興寺縁起』は四口の工人と金堂の本様が送られてきたことを記すだけである。

それぞれの史料の伝えるところが一致しないことについてはあとで検討したいが、寺工と寺師は造寺工のことである。鑪盤博士と鏤盤師は先述のごとく仏塔の上に露盤がない以上、水煙や刹管・九輪などの金属製部分をつくる工人のことであろう。また瓦博士と瓦師は瓦をつくる工人であることはいうまでもなく、画工は仏堂内の天井に蓮華や唐草の文様を描いたり、柱や梁を塗装した工人と思われる。いずれも建築関係の工人ばかりで、造仏関係の工人がいないのは注目すべきであろう。

造仏工は招聘せず

飛鳥寺の建立のために百済から招聘された工人の中に造仏関係の工人は一人もおらず、いずれも建築関係の工人ばかりであったのはなぜか。今までにも、造仏関係の工人がこのとき渡来していないのは不思議だという声をよく耳にしたものである。

しかしながら、多くの研究者は敏達六年（五七七）に百済国王が造寺工と造仏工を送ってきたという『日本書紀』の記事をほとんど気にかけていなかったために、用明二年（五八七）の飛鳥寺発願の時点で、わが国に本格的伽藍をそなえた仏教寺院を建立できるような工人がいたとは考えもしなかった。それ故、飛鳥寺の発願に際し、百済に対してはじめて工人の渡来を請じたと理解し、それなのに崇峻元年（五七八）に造仏工の渡来が書かれていないことを大方は疑問としたのであった。

仮にこのとき造仏工が渡来していたとしても、当時の日本人の誰一人見たことのなかった巨大木造建築や金色燦然と輝く大金銅仏を数人の工人だけでつくることなどできるわけがあるまい。すでに敏達六年に渡来していた百済の造寺工と造仏工が仏教美術をつくり出す日本人の工人を養成していたからこそ、初の本格伽藍の飛鳥寺の発願にまでこぎつけることができたのである。

それでも造寺工は招聘されたが、造仏工は招聘されなかったのはなぜなのか。それは用明二年の飛鳥寺の発願の時点で、本格伽藍の本尊として丈六の金銅仏の制作に応じる技倆をもった造仏工がいたからにほかならない。その造仏工の名はいうまでもなく、鞍作鳥である。

造寺関係の特殊性

わたくしは先ほど、飛鳥寺の発願のころわが国には造寺工も造仏工も一人前の工人として成長していたと述べた。しかし、飛鳥寺の発願時に百済から造仏工は招聘されていないにもかかわらず、造寺工は招聘されていることからすると、わが国の造寺工は一人前に育っていなかったようにも思える。

たしかに造寺工と造仏工の技術習得法には先に述べたごとく大きな差があったが、それでも敏達六年から一〇年の習得期間があったから、造仏工の鞍作鳥ほどではなくとも、わが国の造寺工たちの技術が向上していたことはまちがいあるまい。それでも造寺工の渡来を百済に要請したのは、仏教建築が巨大木造建築で、ブロンズ像の制作よりも桁違いに大規模な工事であったため、経験豊富な造寺工を何人でも必要としたからであろう。現に敏達六年に渡来した造寺工は一人であったが、飛鳥寺建立のために渡来した造寺工は二人であった。それだけ建築の方が指導的なスタッフを必要としたのである。

『日本書紀』によると、寺工（造寺工）のほかにも建築関係の工人、たとえば鑪盤博士一人、瓦博士四人、画工一人が渡来している。仏教建築は屋根に瓦を葺き、仏塔の上には九輪や水煙のような金属製部品をつけ、堂内の天井には鮮やかな文様が描かれているため、造寺工だけではとうていつくることはできない。それだけ各種の専門工人が必要であったが、鑪盤・瓦・画の工人が飛鳥寺の発願後に渡来しているところをみると、その時期に渡来して日本人の見習い工に技術を教えても、飛鳥寺の建立にはまだ間に合ったということであろう。

画工白加と書人百加博士

飛鳥寺の発願に際して百済から渡来した工人について記す『日本書紀』・『元興寺縁起』・露盤銘の三種の史料の中では『日本書紀』がもっともくわしく書かれている。すなわち、寺工二人・鑪盤博士一人・瓦博士四人・画工一人の四種の工人八名が渡来したことになっているが、露盤銘は鏤盤師一人・寺師二人・瓦師四人と三種の工人七名の渡来を伝えるだけで、そこには画工の名はない。一方、『元興寺縁起』は「四口の工人、并びに金堂の本様を送り奉上《たてまつ》りき」とあって、いかなる種類の工人が渡来したのかはわからないが、そのあと「金堂の本様」なる語がつづくことから、この四口の工人は建築関係の工人四人が渡来したかのようである。

ところが、従来この『元興寺縁起』の四口の工人は四人ではなく、『日本書紀』の四種の工人に対応させて、寺工・鑪盤博士・瓦博士・画工の四種の工人のことといわれてきた。すると露盤銘の三種の工人はまちがいということにもなるが、一方で福山敏男氏以来、この露盤銘はわが仏教関係の金石文ではもっとも古いものとされ、それだけに珍重されてきた。

しかし実物の銘文がのこらないため、他の文献に引用されたものしか見ることができない。今見る露盤銘は『元興寺縁起』に引用されたもので、この『元興寺縁起』は鎌倉時代のはじめの建永二年（一二〇七）に弁豪という僧によって書写されたものである。ところが弁豪は誤字脱字の多い人であったから、露盤銘の字句もどこまで信じていいのか実のところわからない。

こうした情況をふまえて露盤銘をみると、露盤銘には工人の渡来を記したあと、「書人百加博士、陽古博士、丙辰年既《な》る」というきわめておさまりの悪い一文を載せている。この書人百加博士と『日本書紀』の画（畫）工白加と較べると、書と畫、百加と白加は互いに似ている。早急に結論はでないが、大胆な推測をすると、露盤銘には当初渡来工人がもう一種、つまり画工がいて、名は百加の可能性が強いが、何度か書写を繰り返すうちに錯綜がおこり、渡来工人が三種となり、第四の工人画工がはなれ、画（畫）は書となり、おさまりの悪いところに書かれてしまったのではなかろうか。

こうしてみると、飛鳥寺の建立のために百済から渡来した工人は建築関係ばかりで、四種の工人であった可能性が強い。

飛鳥寺造営の問題点

「起つ」の解釈

飛鳥寺《あすかでら》は用明二年（五八七）に発願《ほつがん》され、その年に寺院建設用地を決定し、翌崇峻《すしゅん》元年（五八八）には用地内にあった飛鳥衣縫造祖樹《あすかきぬぬいのみやつこのおやこの》葉《は》の家を壊して整地をおこなった。この年には百済から僧侶や建築関係の工人が渡来したが、寺地を実見して飛鳥寺の伽藍設計にとりかかったと思われる。この設計にしたがって用材の量を計算して杣《そま》取《ど》りがおこなわれ、伐《き》り出した木材は乾燥され、各種部材がつくられた。

この杣取りの年がいつであったかについては、先述のように『元興寺縁起』は崇峻元年としているが、飛鳥寺の建立プログラムからするといささか早すぎると思われる。一方、

『日本書紀』は崇峻三年（五九〇）の冬十月に「山に入りて寺の木を取る」とする。わたくしは木づくりの前の木材の乾燥期間を考えると、杣取りはもう少し早くあったのではないかと推測している。

次に『日本書紀』は崇峻五年（五九二）の十月に、「是の月に、大法興寺の仏堂と歩廊とを起《た》つ」と記す。この部分の解釈はなかなかに難解であるが、まず大法興寺は飛鳥寺、仏堂は金堂、歩廊は回廊である。「起《た》つ」はかつては誰しもこの崇峻五年の十月に起った、つまり完成したと解していたが、漢文体にはいわゆる時制の区別がなく、それだけでは今から起ちはじめるのか、すでに起ってしまったのか、わからないのである。つまり読み下す人によって、どちらの意味にもとれるのである。

仮に「起《た》ってしまった」という完成の意に解すると、発願から設計・杣取り・乾燥・木づくり、さらに建立までを六年の間に設定することは不可能であろう。この記事に関する私見はあとで述べたい。

『日本書紀』の飛鳥寺造営記事

『日本書紀』は飛鳥寺の建立について、特別と思えるほど関連記事を載せているが、推古元年（五九三）正月十五日条に「仏舎利を以て、法興寺の刹柱の礎の中に置く」と記し、翌十六日条に「刹柱を建つ」

と記す。次に、推古四年（五九六）冬十一月条に「法興寺、造り竟《おわ》りぬ。則ち大臣の男善徳臣を以て寺司《てらのつかさ》に拝《め》す。是の日に、慧慈・慧聡、二の僧、始めて法興寺に住《はべ》り」と、なんと飛鳥寺は発願からわずか九年で造営工事が完成したように記しているのである。もちろんわたくしには信じられないような短い造営期間である。

露盤銘によると、『日本書紀』が飛鳥寺の完成とする推古四年に対応する記事として「丙辰年十一月既《な》る」がある。丙辰年つまり推古四年の十一月に既《な》るというのは、露盤銘のある飛鳥寺の仏塔のことで、仏塔の完成年月が『日本書紀』では飛鳥寺全体が完成した年月になっているのである。

さらにこのあと、『日本書紀』は推古四年条で飛鳥寺は完成したと記していながら、推古十三年（六〇五）の四月一日条に、「天皇、皇太子・大臣及び諸王・諸臣に詔して、共に同じく誓願を発てて、始めて銅・繡の丈六の仏像、各一軀を造る。乃《すなわ》ち鞍作鳥に命《みことおお》せて、造仏之工とす。是の時に、高麗国の大興王、日本国の天皇、仏像を造りたまうと聞きて、黄金三百両を貢上《たてまつ》る」と、飛鳥寺の銅繡の丈六本尊制作の発願が推古十三年であったことを記す。翌推古十四年（六〇六）四月八日条には「銅・繡の丈六の仏像、並びに造りまつり竟りぬ。是の日に、丈六の銅の像を元興寺の金堂に坐せしむ（下略）」とあって、銅繍二つの丈六本尊はわずか一年で完成したというのである。

それにしても『日本書紀』は飛鳥寺の造営が推古四年に終ったと記していながら、推古十三年になって銅繍の丈六本尊をつくりはじめたとするのはいささか腑に落ちない。

丈六光銘

飛鳥寺の本尊の制作については『元興寺縁起』が本尊の丈六金銅釈迦像の光背銘文《こうはいめいぶん》なるものを引用しているため、現在われわれは丈六光銘を知ることができる。

この丈六光銘についても福山敏男氏は史料批判を加え、この銘文は推古朝当時のものではなく、文武朝のころの成立と主張している。わたくしは『元興寺縁起』が引用する丈六光銘のすべてを当初のものとは思っていないが、後半部分は多少字句の異同はあっても原銘文に近いものだと考えている。そこでわたくしが原銘のものと考える部分を記すと以下のごとくである。

十三年歳次乙丑四月八日戊辰、以㆓銅二万三千斤、金七百五十九両㆒、敬造㆓尺迦丈六像、銅繍二軀幷挟侍㆒。高麗大興王方睦㆓大倭㆒、尊㆓重三宝㆒、遥以随喜、黄金三百廿両助㆓成大福㆒、同心結縁。願以㆓茲福力㆒、登遐諸皇遍及㆓含識㆒、有㆓信心㆒不㆑絶、面奉㆓諸仏㆒、共登㆓菩提之岸㆒、速成㆓正覚㆒。歳次戊辰大隋国使主鴻臚寺掌客斐世清、使副尚書祠部主事遍光高等来奉レ之。明年己巳四月八日甲辰、畢竟坐二於元興寺一。

（十三年歳次乙丑の四月八日戊辰、銅二万三千斤、金七百五十九両を以て、敬みて尺迦丈六像・銅繡二軀并《なら》びに挟侍を造りたてまつる。高麗の大興王、方《まさ》に大倭と睦《むつみ》あり、三宝を尊重して遥かに以て随喜し、黄金三百二十両をもって、大福を助成し、同心結縁す。願わくは茲《こ》の福力を以て、登遐の諸皇遍《ひと》えに含識に及び、信心有りて絶えず、面《まのあたり》に諸仏を奉《あお》ぎ、共に菩提の岸に登り、速かに正覚を成ぜむことを。歳次戊辰大隋国の使主鴻臚寺の掌客裴世清、使副尚書祠部主事遍光高等来りて之を奉ぐ。明年己巳四月八日甲辰、畢竟《つくりお》えて元興寺に坐《ま》します。）

丈六光銘の原銘部分

飛鳥寺本尊の丈六の金銅釈迦三尊像の光背銘文、つまり丈六光銘は露盤銘と同じく鎌倉時代の火災のとき、本尊の光背が焼損したため、現在実物を見ることはできない。したがって、現在知り得る丈六光銘は天平十九年（七四七）に『元興寺縁起』が引用したものということになろう。

丈六光銘の場合も直接飛鳥寺本尊の光背に陰刻されていた銘文から写し採られたとみるよりも、この丈六光銘が撰文されたときそれを書き写した古史料が飛鳥寺に伝来していて、その史料から『元興寺縁起』が引用したものと思われる。それがまた何度か書写されて、今見るようなものになったのであるから、とうてい原銘そのものとみるわけにはいかない。わたくしは先述のように、『元興寺縁起』が引用する丈六光銘のうち、前掲の後半部分は原銘に近いものと考えている。

しかしながら、その冒頭の「十三年」という紀年は『日本書紀』の年立《としだ》て、すなわち「推古天皇十三年」の十三年を借用したものであるから、十三年が丈六光銘の冒頭に加わったのは『日本書紀』の成立以降ということになろう。

福山敏男氏は、丈六光銘は文武朝にわが国における最初の勅願寺たる大官大寺が造営されつつあったころ、飛鳥寺の起源が勅願寺であったと主張しようとする意図のもとに作られたものといわれる。丈六光銘の前半部分にはたしかに天皇との関係を主張しようとする内容が書かれている。しかし後半部分は前半とは文体も変り、天皇との関係を強調する記述もなく、本尊釈迦像の制作に関することが順を追って書かれているから、福山氏の推論は丈六光銘の後半部については当らないのである。丈六光銘の後半部はおそらく原銘に近いものと思われる。

造営の問題点

丈六光銘によると、飛鳥寺本尊の丈六釈迦三尊は乙丑年、つまり推古十三年（六〇五）に敬造、己巳年、つまり推古十七年の四月八日に完成安置したという。ところが先述のように『日本書紀』は飛鳥寺本尊の発願を推古十三年、翌十四年に金堂に完成安置したとする。わずか一年で丈六の金銅仏が完成したというのははや過ぎると思われるが、福山敏男氏は『日本書紀』が発願の翌年に完成したとするのは誤解だという。

すなわち、丈六光銘が明年己巳（推古十七年・六〇九）とする明年は実は戊辰（推古十六年・六〇八）の明年であるのを、『日本書紀』の編者が軽率にも乙丑（推古十三年・六〇五）の明年と解したからだというのである。そういうこともありうるのかもしれないが、丈六光銘には明年己巳と明白に干支を記しているのに、干支が唯一のたよりである時代にそれを無視して解するというのもいささかおかしい。今のところ『日本書紀』が飛鳥寺本尊の完成を推古十四年とした根拠ははっきりしないのである。

ところで、福山氏はまず『日本書紀』の本尊推古十四年完成説を否定し、次に露盤銘によると推古四年に塔の露盤があげられているのに、丈六光銘によるとその後九年間以上も金堂には本尊がなかったことになるが、このようなことは考えられないという。福山氏はあえて推古四年の塔の完成後というが、『日本書紀』はこの年を飛鳥寺の完成とするから、飛鳥寺完成後九年間以上も本尊がなかったことになる。

福山氏がこのような問題を提起したのは昭和九年のことであったが、戦後になると建物の建立と本尊の制作のずれという飛鳥寺造営における問題点が飛鳥寺研究の主要テーマになっていくのである。

福山氏の解決法

福山氏は、露盤銘と丈六光銘をあわせて考えると、推古四年（五九六）に露盤をあげてから九年間以上も金堂に本尊がなかったとは考えられないではないかとして、飛鳥寺の堂塔と本尊の建立・制作のずれについてはじめて問題提起をしたのであった。

しかしこの問題に関する福山氏自身の解決法はいたって単純明解で、露盤があがってから九年間以上も金堂に本尊がなかったとは考えられないから、九年間もあとで本尊が制作されたかのように記している丈六光銘は信ずべきものではないというのである。二つの史料の内容がスムーズにつながらないとき、一方を是とし、もう一方を非とするのがもっとも簡単な解決法だが、戦後の研究者でこの福山説を踏襲した人はいない。もっとも、積極的に批判した人もいなかったが、福山説にも問題はある。

福山氏は、露盤が仏塔の上にあがったという推古四年までに金堂が完成していたかのように述べているが、この金堂がいつ建立されたかについては一切言及していない。すなわち『日本書紀』の崇峻五年（五九二）に飛鳥寺の仏堂と歩廊とを起《た》つという記述について、これは『日本書紀』編者の机上のつくりごとと、否定的に述べ、また推古四年の飛鳥寺造り竟《おわ》るの記事は飛鳥寺の造営全体が終った年であるか否か疑問というから、福山論文を見るかぎり、飛鳥寺の金堂がいつ完成したのかわからないのである。

つまり、福山氏が疑問とした『日本書紀』の推古四年の飛鳥寺造り竟るの記事をそのまま認めていれば、福山氏の問題提起は理路整然としていたはずである。戦後の研究者はこの推古四年の記事を認めるところから出発して金堂と本尊の建立・制作のずれを合理的に説明しようとしてきたのである。いうまでもなく、推古十三年敬造、十七年完成という丈六光銘の内容を信じた上でのことであるが。

藤沢一夫氏の新説

戦後の飛鳥寺の研究でまず紹介しなければならないのは藤沢一夫氏である。昭和二十七年（一九五二）藤沢氏は「所謂止利仏師と元興寺造仏に就いて」（『古文化』一）の中で、露盤銘に対してあらたな解釈を試みたのである。すなわち、露盤銘の「（丙辰年十一月既）爾時使作□人等（下略）」の□の文字を「金」と判読して、「（丙辰年十一月既る）その時、金人等を作らしむるは」と読み下し、金人は仏像と解釈した。その上で、丙辰年つまり推古四年にこの金人（仏像）の制作が開始され、丈六光銘の乙丑年（推古十三年）敬造を、この年に金人の鋳造が完了したと解し、高麗大興王の献じた黄金を戊辰年（推古十六年）に隋国使節が来ってこれを奉ったので鍍金を完了することができ、その明年己巳年（推古十七年）に飛鳥寺の金堂に安置したというのである。

藤沢説は、飛鳥寺の建物の建立と本尊制作のずれという福山敏男氏が提起した問題をそれほど意識しているようには見えないが、露盤銘は飛鳥寺本尊の制作着手を記し、丈六光銘はその完成を記していて、二つの史料が一連のものであることを主張しているから、結果的に福山氏に答えているともいえよう。藤沢氏によれば、飛鳥寺本尊の制作は推古四年から十七年まで、一四年を要した大事業であったという。

毛利久氏の飛鳥寺二時期造営説

藤沢一夫氏の新説が発表されたあと、昭和三十一年（一九五六）から飛鳥寺の発掘調査が実施され、その結果従来予測もしなかった一塔三金堂の伽藍配置や二重基壇の発見という新事実をもとに、飛鳥寺の造寺・造仏のずれを明快に説明し、飛鳥寺は二時期にわたって造営・完成したという新説を発表したのは毛利久氏であった。

毛利氏は昭和四十三年（一九六八）に「飛鳥大仏の周辺」（『仏教芸術』六七）と題する論

文の中で、まず藤沢一夫氏が露盤銘の「爾時使作□人等」の□を「金」と判読して金人＝仏像と解したことに同意し、これが飛鳥寺の本尊、つまり現在の飛鳥大仏で、丙辰の年（推古四年）に完成したという。したがって、丈六光銘が書かれていたであろう己巳の年（推古十七年）に完成した丈六の金銅釈迦とは別ものというのである。

次に発掘の結果、塔と中金堂は壇上積基壇、東西両金堂は二重基壇を用いていたことから、二種類の基壇があったのはそれぞれ別の時期に造営されたからだと解した。つまり、塔・中金堂・回廊という四天王寺式伽藍の第一期飛鳥寺が推古四年に完成し、これに遅れて東西両金堂が増築されて、第二期飛鳥寺が完成したとするのである。

毛利説によれば、『日本書紀』の「推古四年冬十一月、法興寺造り竟んぬ」は第一期飛鳥寺の完成のこととなり、その本尊は露盤銘の金人で今の飛鳥大仏で、第二期飛鳥寺の本尊は推古十七年完成の鞍作鳥作の丈六の銅繡二仏で、東西二金堂に安置したということになる。

したがって、飛鳥寺の造寺造仏のずれは見事に解消されることになったが、毛利氏は露盤銘の金人仏像説の藤沢説にのっとりながらも、藤沢氏が推古四年から金人制作に着手したとするのに対し、推古四年に金人完成と解したのである。発掘調査の結果三つの金堂の存在がわかり、また丈六光銘には丈六金銅仏とともに丈六繡仏の制作のことが書かれていることと等を考慮すると、造寺造仏のずれの問題はあらたな展開をみることになったのである。

町田甲一氏の毛利説批判

飛鳥寺の発掘調査の成果を活用して、飛鳥寺二時期造営説を発表した毛利説を最初に批判したのは町田甲一氏である。町田氏は昭和四十七年（一九七二）に「元興寺本尊　飛鳥大仏」（『国華』九四二）の中で、まず丈六光銘は根本本尊の造立を述べているから、その根本本尊は推古十七年完成の丈六金銅仏という。その上で、毛利氏のように最初の本尊が推古四年の造像とするなら、その像の光背に十数年も後の推古十七年完成の造像銘を追刻することなどありえないし、また推古四年像と推古十七年像が文武朝ごろに交替していたということも考えられないから、根本本尊つまり中金堂安置の本尊の推古四年造立説は成立し難い。

次に露盤銘の金人仏像説について、藤沢・毛利両氏の金人の用例はいずれも仏像から連想された金色の人であり、銘文に仏像の語を使わずに仏像の意味で金人を使用する修辞上の必然性も可能性もない。また二時期造営説にしたがうと、わずか一〇年から二〇年の間に金銅の丈六三尊を二組も制作したことになるが、このようなことはありそうにない。

それ故、金人仏像・推古四年造立説は肯定できず、露盤銘の「爾時使作金人等」は「その時作らしむる金人等は」と読んで、金人は金工の意にとり、露盤銘は本尊に関してはまったくふれていないと解すべきだという。つまり、町田説は飛鳥寺一期造営説であるが、本尊は推古四年以降まもなく造立に着手し、推古十三年に鋳成、その後鋳浚《いざら》いや鋳掛《いか》けをして十六年に鍍金、十七年開眼供養と想定することによって、造寺造仏の空白を埋めようとした。

しかしながら、中金堂や東西両金堂がいつ建立されたかについては言及しないし、三金堂のうち西金堂の本尊は不明という。発掘の結果、飛鳥寺には三つの金堂の存在が判明した以上、その建立や本尊についても述べるべきであった。

F・ベルチエ氏の二時期造営説

毛利久氏の飛鳥寺二時期造営説は町田甲一氏の批判によって、金人仏像・推古四年造立という立論の根拠を失ったかのようであった。ところが、昭和四十九年（一九七四）にフランソワ・ベルチエ氏は毛利説を発展させた「飛鳥寺問題の再吟味――その本尊を中心として」（『仏教芸術』九六）を発表した。

ベルチエ氏は、『日本書紀』崇峻五年条の飛鳥寺の仏堂と歩廊を起《た》つという記事と、翌推古元年条の仏舎利を刹柱の礎の中に置くという記事を史実として認め、金堂が塔よりも一年前に起工されていて、推古四年に塔が竣工しているなら、金堂も完成していたはずだと判断した。また発掘の結果、中金堂と塔とは同じ構造の基壇であったから、推古四年ごろには塔だけでなく、中金堂・回廊・中門の四天王寺式伽藍の飛鳥寺が蘇我氏の私寺として完成していた。当然ながら金人仏像説も認め、百済様の仏像が本尊として安置されたと推定したのである。

これが第一期の飛鳥寺で蘇我氏の私寺であったが、第二期飛鳥寺は国家的寺院であったという。飛鳥寺が国家的次元に入ったのは聖徳太子が蘇我氏の権力を抑制したからで、推古十三年ごろ官寺になったがために、東西二金堂を増築して一塔三金堂の伽藍が完成した。推古十三年発願の銅繡の丈六二仏は第二期飛鳥寺、すなわち東西二金堂の本尊ということになって、飛鳥寺の造寺造仏のずれは解消するのである。

しかしながら、ベルチエ説は従来の文献史学の研究成果を無視したもので、無理も多い。たとえば、今の飛鳥大仏は当初東西金堂のどちらかに安置されていた鞍作鳥作の丈六仏で、後に中金堂に移ったものという。ところが、ベルチエ氏自身なぜ創建当時のままの台石の上に安坐されているのかまったく不思議だと自問する。疑問の根源は金人仏像・推古四年造立にあるのだが。

造営工事の検討

飛鳥寺造営に関する研究発表

本書のはじめにも記したが、わたくしは大学に入ってはじめて接した研究論文が福山敏男氏の「飛鳥寺の創立に関する研究」であったため、その後大学院に進学してからも飛鳥寺の創立については興味をもちつづけ、いずれ論文を発表したいとまとめていた。そこへフランス人のベルチェ氏が前記の論文を発表したのである。

正直なところいささか驚いてしまったが、ベルチェ氏の主張するところは私見とことごとく異なっていた。そこで翌昭和五十年（一九七五）五月の第二十八回美術史学会全国大会で「飛鳥寺の造寺造仏について」と題して研究発表をし、さらに昭和五十一年に「飛鳥寺の創立に関する問題」を『仏教芸術』一〇七号に発表した。

　こうしてわたくしは飛鳥寺の創立をめぐる論争の中に入っていったが、飛鳥寺研究の原点は戦前の福山敏男氏の研究である。福山氏の研究はその厳しい文献批判にあるため、福山説を盲信する向きも多いが、けっして絶対的なものではない。学問研究はまさに日進月歩、わたくしも福山氏の研究を越えるような研究をしたいとつねづね思ってきたが、しかし福山研究は越えがたい。

　福山氏が戦前提起した飛鳥寺の造寺造仏のずれの問題は、昭和三十一年（一九五六）からの発掘調査の結果まったくあらたな方向へ展開することになった。すなわち、当初の飛鳥寺は一塔三金堂という金堂が三つもある伽藍であったため、飛鳥寺の造営工事は長期間を必要としたのである。

　しかしながら、発掘調査をもとにした新説は飛鳥寺の造営が二時期にわたっておこなわれたとするものであった。この説の出発点が『日本書紀』の推古四年に飛鳥寺造り竟《おわ》ると露盤銘の金人仏像・推古四年造立であることはいうまでもない。以下、飛鳥寺二時期造営説を批判しながら、飛鳥寺の創立について検討してみたい。

飛鳥寺二時期造営説は露盤銘が本尊の制作にまで言及していると解釈したことにはじまる。これが藤沢一夫氏の研究で、以後毛利久氏とフランソワ・ベルチエ氏が藤沢説を踏襲する。これに対して町田甲一氏が露盤銘は本尊の制作に関してなんら語っていないと主張するが、両者の露盤銘に対する見解は要するに解釈の違いであるから、互いに否定し去るほどのものではなかった。

昭和四十九年（一九七四）にベルチエ説が発表されると町田氏はすぐに反論を発表するが、新しい観点からのものではなく、すでに毛利氏を批判したときの繰返しであった。解釈の違いによる論争はややもすると水掛け論に陥るため、わたくしは露盤銘の記述内容をいま一度検討することからはじめた。

露盤銘の検討

露盤銘のうち原銘といわれる部分には、まず百済から招聘した僧侶と鏤盤師・寺師・瓦師の名が書かれ、そのあと日本側の工人責任者らしい人名が二人、さらに書人の名が二人記されたあとに「丙辰年十一月既《な》る」と記す。このあとまた何かの工事関係者らしい四人の日本人の名が書かれ、最後に多くの手元《てもと》（一般労働者）たちが工事に従事したことが記されている。だから、この露盤銘は百済から渡来した僧侶や工人の名と工事関係者の名、さらに一般工人たちのことを書くことがその目的であったといっても過言ではないのである。つまり露盤銘はその大半を人名を書くことに費やしているのである。

露盤銘の「爾時使作□人等」の□の文字を「金」と判読して、「その時金人等を作らしむるは」と読み、金人を仏像と解し、そのあとに記されている四人の工事関係者の名は仏像をつくった作者であると主張したのは、先述のように藤沢一夫氏であった。

毛利久氏は金人仏像説に同意したが、町田甲一氏は金人を仏像と解することはすこぶる疑問という。かつて家永三郎氏も仏教伝来以降の金人は仏教に関係ある霊的存在の称で、仏像のごとき具体的な存在を意味するものではないと述べている。

「金」「全」「企」

いうまでもないことだが、金人仏像説は露盤銘に確実に「金人」と記されていることが大前提である。ところが□の文字は、「金」のほかにも「全」あるいは「企」とも判読されていて、諸説必ずしも一致していなかった。したがって、金人仏像説を主張するためにはまず問題の文字が「金」であることを実証することからはじめなければならないのである。

そこで、この問題の文字を建永二年（一二〇七）に書写された醍醐寺本「諸寺縁起集」の複製本によって示すと、図14(1)の四番目の文字である。この文字だけを見るならば、そ

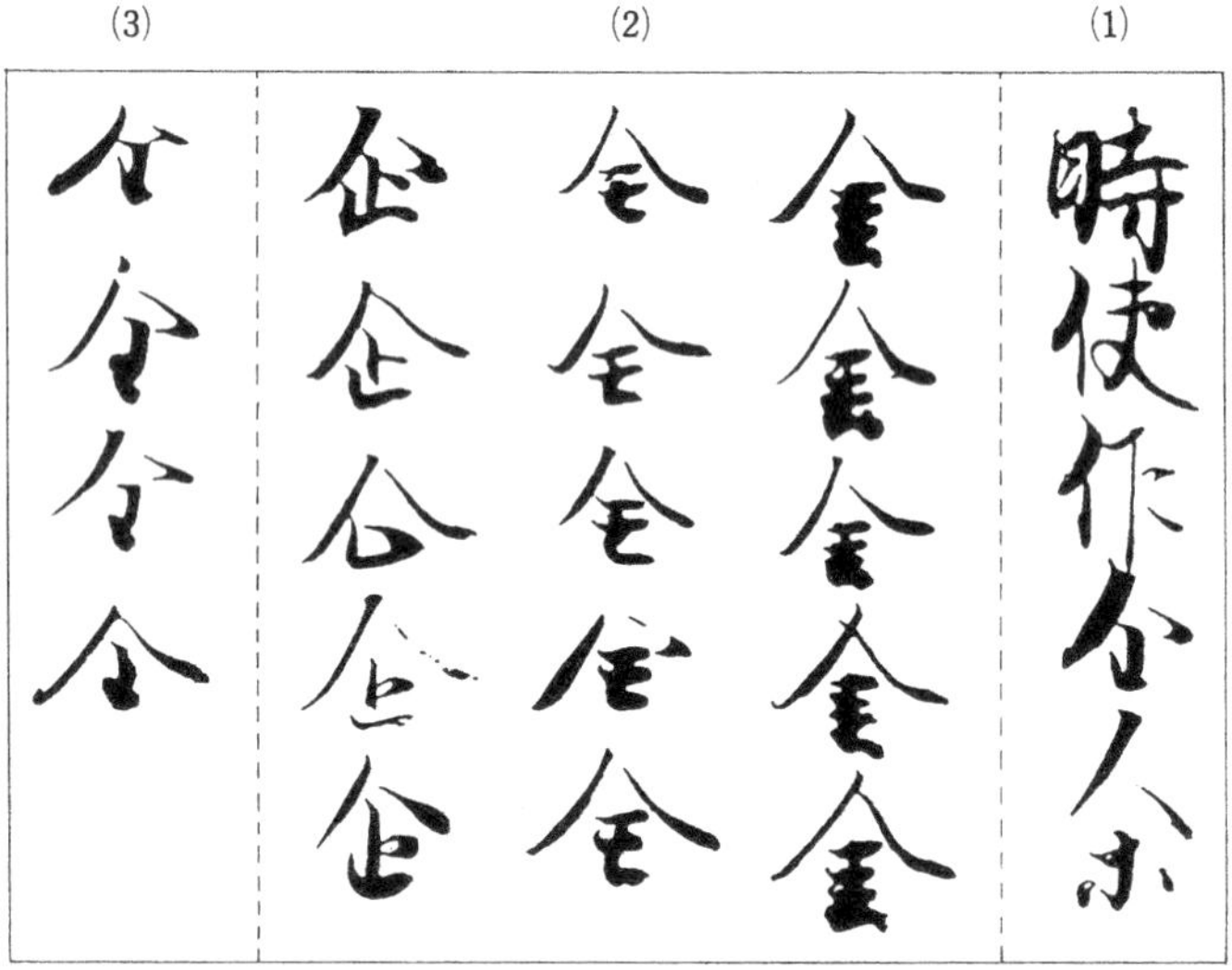

図14　醍醐寺本「諸寺縁起集」の筆跡

れは「金」とも「全」とも、さらに「企」とも読め、この一字からだけでは何とも決定しがたい。

したがって、醍醐寺本「諸寺縁起集」を書写した弁豪の筆跡鑑定が必要となるが、わたくしの見解は次のごとくである。

弁豪の筆跡鑑定

醍醐寺本「諸寺縁起集」の全文のうち、弁豪の書写による「金」は七四文字、「全」「企」はともに五文字で、その書体は図14に示す通りである。「金」という文字だけが圧倒的に多く書写されている結果、「金」は書体の異同が生じているが、逆に「全」「企」の字数は少ないこともあってあまり差はない。

そこで、問題の文字の書体を図14(2)の書体と比較するといずれの文字にも似ておらず、別字のようである。ところが図14(3)の「金」の異体と比較すると、図14(2)の場合よりもはるかに似ている。

しかしながら、この縁起集には多くの誤字脱字があることはすでに先学が指摘しているが、藤田経世氏は書写した弁豪やこれを校正した光胤は学識の豊かな人ではなかったという。となると、醍醐寺本の書体をもって、これを決定すること自体あまり意味がないのかもしれない。ただ「金」「全」「企」の三字の書体から比較判断するかぎりにおいては、

「金」の異体にもっとも似ているから、「金」である可能性が一番強いといえよう。
このように、わたくしの鑑定によると問題の文字は「金」である可能性がもっとも強いことになるが、それでは金人仏像説がすぐにも認められるのかというと、まだ問題がある。従来この文字を「金」と判断し、次の「人」とつづけて「金人」としてきたが、はたして「金」と「人」はつながるものであろうか。

露盤銘の書式

わたくしが露盤銘で注目したいのは、この問題の文字を含む句がいかに構成されているかという点である。そこには、

Ⓐ使作□人等、意奴弥首名辰星也、阿沙都麻首名未沙乃也、鞍部首名加羅爾也、山西首名都鬼也、

と記されているが、露盤銘にはほかにも言いまわしがきわめて類似した箇所がある。

Ⓑ令作奉者、山東漢大費直名麻高垢鬼、名意等加斯費直
Ⓒ諸手、使作奉也

Ⓑは「作り奉らしむる者」は誰と誰か人名を後に記したもので、Ⓒは「諸の手《ひと》」をして「作り奉らしむる」と前に人物を記したものである。ともに使役的用法の部分（実線部分）とその使役の及ぶ人名・人物（点線部分）から構成されている。Ⓐを®Ⓒと比較すると、

「使作□人等」の部分には「使」という使役の語や「作」や「人等」の語があって、これらの語や語順はまさしくⒷの「令作奉者」やⒸの「使作奉也」と一致している。また「意奴弥首名辰星」以下は、Ⓑの「山東漢大費直名麻高垢鬼、名意等加斯費直」とⒸの「諸手」と同じく人名（人物）を記したものである。したがってⒶも使役的用法の部分とその使役の及ぶ人名から構成されていることになる。

それ故、問題の文字が何であれ、動詞的に「作」とつづけて「作り□せしむる人等は」誰と誰と読むべきであろう。もし「金」なら「作金せしむる人等は」、「全」なら「作全せしむる人等は」、さらに「企」なら「作り企てせしむる人等は」と読むことになろう。すなわち、問題の文字がたとえ「金」であっても「金」と「人」とをつなげて「金人」とすることはできないのである。したがって金人仏像説・金人金工説は成立しえないということになる。

第四の解読「奉」

わたくしの鑑定によれば問題の文字は「金」の可能性が強いが、書写した弁豪は誤字脱字が多い人ということになれば、かならずしも「金」にこだわる必要もなく、銘文の中でもっとも文意が通じる文字を想定することも可能であろう。つまり弁豪が誤写したとするなら、いったい彼は何の文字を誤写したのかということである。

露盤銘には問題の文字を含む部分と言いまわしが同じと考えられる句が、先述したようにほかにも二ヵ所ある。

Ⓐ使作□人等

Ⓑ令作奉者

Ⓒ使作奉也

これら三例は何かを作った人たちについて記したもので、ⒷⒸの二例が「作り奉らしむる」と記しているところからすると、問題の部分Ⓐも「奉」の文字を想定できよう。とすれば、露盤銘は何かの製作に携った人の名を記す場合、一貫して「作奉」という語句を使用していることになろう。このようにわたくしは問題の文字に対して「奉」を推定したのであるが、読み方としては「金・全・企」の場合よりも自然で意味が通じるように思う。したがって、露盤銘は本尊の制作についてはなんら言及していないことになる。

露盤銘は語る

露盤銘に記されている工事関係者たちは具体的にどのような工事に従事したのであろうか。銘文によると推古四年の十一月に何かをつくり終えたことは間違いないが、この工事に従事した人たちについては、「令二作奉一者……」「使二作奉㆒人等……」「諸手、使㆓作奉㆒也」と記すのみで、何をつくったのかはっきりしない。が、この場合は露盤すなわち仏塔の製作に関することは明白だから、ことさら書くこともなかったのであろう。したがって、露盤銘を読むかぎり、推古四年十一月につくり終えたのは仏塔だけで、仏塔以外の堂宇の造営については何も言及していないことになる。

すなわち、露盤銘の工事関係者はいずれも建塔工事の従事者である。まず「令㆓作奉㆒者」の山東漢大費直《やまとのあやのおおあたい》麻高垢鬼《まこくき》と意等加斯費直《おとかしのあたい》の二人は建塔工事の総監督のごとき責任者と思われる。次に「使㆓作奉㆒人等」の意奴弥首《おぬみのおびと》辰星《しんせい》・阿沙都麻首《あさつまのおびと》未沙乃《みさの》・鞍部首《くらつくりのおびと》加羅爾《からに》・山西首《かわちのおびと》都鬼《つき》の四人はもともと職業工人で、また銘文によると「将《おさ》」というから、総監督の下で多くの手元《てもと》たちを率いて造営に従事した責任者、つまり現場監督であろう。四人の首のうち意奴弥（忍海）氏と山西氏とは何を専業としていたかわからないが、阿沙都麻（朝妻）氏と鞍部氏は金工関係を専業としていたようであるから、仏塔の屋根の上の金属製品（相輪）の鋳造にあたった金工の現場監督ということになろう。この四人の工人の下で、諸《もろもろ》の手《ひと》すなわち多くの手元たちをして建塔工事にあたらせたのである。

以上、露盤銘を検討した結果をまとめると次のようになる。

まず第一に、露盤銘は建塔工事に関係した人名を記すことが目的であったらしく、銘文の大半は人名に費やされている。すなわち百済から招聘した僧侶名および工人名から、実際の建塔工事の総監督・現場監督（職能集団の長）・手元（一般労働者）に至る人名（手元は諸手と記す）が記されているのである。第二に丙辰年（推古四年）の十一月は建塔工事の終了年月である。第三にこの銘文は仏塔以外の他の堂宇の造営や本尊の制作については一切触れていない。それ故、飛鳥寺二時期造営説の第一の根拠は崩れることになろう。

上代寺院の造営期間

露盤銘の文字に対する検討がいささか長くなったが、次に飛鳥寺二時期造営説のもう一つの根拠になってきた『日本書紀』の推古四年の飛鳥寺造り竟るの記事の信憑性について検討してみたい。

『日本書紀』のいうように、推古四年に飛鳥寺の造営工事が終っていたとすると、用明二年の発願から九年間で飛鳥寺の伽藍は完成していたことになるが、先述のようにわたくしにはあまりに短すぎるように思える。発掘調査の結果、飛鳥寺には三つの金堂が建っていたことがわかったため、九年間ではますます短すぎるのである。

上代寺院のうち堂塔や伽藍全体の造営期間がわかるものはきわめてめずらしく、この飛鳥寺の場合、仏塔は舎利を心礎の中に置いて刹柱を建てたのが推古元年の正月で、露盤が屋根にあがって完成するのが推古四年の十一月であるから、建築期間は三年一一ヵ月かかっている。また山田寺の仏塔は心柱を建てはじめてから露盤をあげるまで二年四ヵ月を要している。伽藍全体の造営期間としてもっとも短いのは藤原京の薬師寺で一八年、粟原寺が二二年、再建法隆寺はおよそ四〇年もかかっている。

このように、造営期間が長期間にわたっているのは、主要伽藍の仏塔・金堂・講堂・中門・回廊等の建物を同時に建てることができず、一つずつ完成させながら順次建立していったからである。

仏塔から建立開始

上代寺院の造営期間は長期にわたっており、後に律令国家が造営を担当した国家官寺の薬師寺でさえ一八年もかかっているのである。ましてや飛鳥寺はわが国初の本格的な仏教建築ということで、百済の工人から技術指導をうけていた状態であった。そのような飛鳥寺の造営が後の国家官寺の薬師寺の造営期間の半分の九年でできるはずがあるまい。

なによりも飛鳥寺の仏塔は刹柱を建てはじめてから完成までの建築期間だけで三年一一ヵ月かかっているのである。その前には当然基壇の造成工事がおこなわれていたはずであるから、仏塔クラスの建物一個を完成させるには四、五年はかかるというのが一つの目安ではあるまいか。

すでに記したように、用明二年の発願のあと、寺院建設用地を決定し、崇峻元年には飛鳥衣縫造祖樹葉の家を壊して整地をおこない、百済の造寺工を中心に伽藍が設計された。そのあと杣取り・乾燥・木づくりがつづくが、一方、用地内では設計にもとづき、各堂塔の配置を決定し、基壇の造成がはじまった。

仏塔の基壇は少なくとも崇峻朝には完成していたはずで、だからこそ推古元年には刹柱を建てることができたのである。つまりわたくしは飛鳥寺の建立は仏塔からはじまったと考えているが、石田茂作氏によると、飛鳥寺諸堂の基壇平面は塔の基壇の一辺の長さや対角線の長さが基準になっており、まず塔の大きさと位置が決定すると、次は中金堂、さらに東西両金堂・回廊・中門・講堂・西門・南門と、諸堂の位置と大きさが決定していったという。石田説も飛鳥寺の建立が仏塔からはじまったことを示唆している。

推古四年は仏塔の完成

『日本書紀』の崇峻五年の飛鳥寺の仏堂と歩廊を起つという記事について、わたくしは先ほど後述するといったが、このとき金堂と回廊の建物が建ったのではあるまい。崇峻五年という年からすると、金堂と回廊の基壇の造成をはじめたのではなかろうか。もっとも仏塔の基壇に関する史料は一切ないが、金堂と回廊の基壇をつくる前には完成していたのであろう。

おそらく、寺院建設用地の整地が終ると塔の基壇の大きさと位置が決まり、その造成がはじまったのであろう。塔の基壇が完成すると崇峻五年には、中金堂・東西金堂・回廊の基壇の工事がはじまり、翌推古元年の正月には刹柱が建ったのである。

こうしてみると、推古四年という年は仏塔の完成以外は考えられないのである。にもかかわらず『日本書紀』がこの年を飛鳥寺の完成としたのは、『日本書紀』が編纂されていたころ仏塔が寺院造営の最後に建立されていたため、飛鳥寺の仏塔の完成した年を飛鳥寺全体の完成と誤解したのであろう。

飛鳥寺が推古四年に完成していないのであれば、飛鳥寺二時期造営説の第二の根拠も崩れることになろう。

飛鳥寺中心伽藍の完成

わたくしは先ほど仏塔クラスの建物一個を完成させるのに四、五年はかかるというのが一つの目安だと記したが、推古四年十一月の仏塔の完成につづいて中金堂と東西両金堂が順次建立されたであろうから、中金堂は推古八、九年ごろ、東西両金堂は推古十六、十七年ごろには完成していたと考えられる。

中門や回廊は仏塔や金堂と較べると技術的には工事も容易であったと思われるから、この間に造営があったとすると、推古十七年ごろまでには回廊内の堂塔はほぼその全容を現わしていた。丈六光銘によると本尊の丈六金銅釈迦像は推古十七年に完成したというから、本尊の制作は回廊内堂塔の建立と歩調を合せたのであろう。おそらく推古十七年の本尊の開眼供養の四月八日を目標に、中金堂や東西両金堂は最後の仕上げを施して、最終的に完成したものと思われる。

また、本尊完成の推古十七年ごろには回廊の外の講堂の建築工事はまだ開始されておらず、講堂・西門・南門・築地塀《ついじべい》等の飛鳥寺の主要伽藍の一郭がほぼ完成するのは推古二十年代に入ってからであろう。それ故、飛鳥寺の造営は用明二年の発願以来およそ三〇年の年月を経て完成したことなろう。

飛鳥寺の本尊

本尊の制作

飛鳥寺の本尊は丈六光銘が陰刻されていた丈六の金銅釈迦三尊像で、いうまでもなく中金堂に安置されていた。発掘調査の結果、丈六仏の飛鳥大仏は中金堂の中心部の位置から動いていないことが確認されたため、飛鳥大仏が推古十七年完成の飛鳥寺本尊ということになった。

丈六光銘によると、乙丑年つまり推古十三年（六〇五）四月八日に銅二万三〇〇〇斤、金七五九両をもって丈六釈迦三尊像と繡仏の丈六釈迦三尊像を敬造した。また高麗の大興王が黄金三二〇両をもって同心結縁した。戊辰年推古十六年（六〇八）には隋の国使斐世清と副使遍光高が来りて飛鳥寺本尊を奉《あお》ぎ、明己巳年推古十七年（六〇九）四月八日に完成して飛鳥寺に安置したというのである。

一方、『日本書紀』は、飛鳥寺の本尊の制作について推古天皇が聖徳太子と馬子、さらに諸王諸臣に銅繡の丈六仏各一軀をつくることを詔し、鞍作鳥を造仏工とした。そのとき、高麗の大興王が黄金三〇〇両を貢上してきたという。翌推古十四年四月八日に銅繡の丈六仏が完成し、金銅仏を金堂に安置しようとすると、戸より高くて納めることができなかった。しかし鞍作鳥は戸を壊すことなく仏像を納めることができたという。

『日本書紀』は銅繡の丈六仏をわずか一年で完成したかのように記しているが、何によって記したかはわからない。一年で完成したというのはおそらく事実ではあるまい。ここでは推古十三年「敬《つつしみて》造《つくる》」、推古十七年「畢《つくり》竟《おわる》」と記す丈六光銘に従うべきであろう。

丈六光銘の「敬造」

丈六光銘によると、飛鳥寺の本尊は推古十三年「敬造」、十七年「畢竟」という、「畢竟」は本尊の制作完了のことで、本尊は金銅仏だから、制作工程の最後の鍍金が完了したことを意味するのであろう。

それでは「敬造」の語はこの場合何を意味するのであろうか。通常文献に書かれた「敬造」は制作開始の意味にも完成の意味にも使われるが、この丈六光銘では仏像の完成を「畢竟」と記しているから、「敬造」は制作開始のことであろう。すると飛鳥寺本尊は丈六の金銅仏であるから、この「敬造」は大きな塑像の原型づくり、鋳型とり、鋳込のいずれかの開始を意味するものと思われる。

わたくしは丈六光銘に「以銅二万三千斤、金七百五十九両、敬造尺迦丈六像、銅繡二軀幷挟侍」と、この本尊の材料である銅と金の量の記述と「敬造」が連続して書かれているので、鋳込つまり鋳造の開始と解したい。鋳造が終り、さらに鍍金が完了したのが推古十七年ということになる。

飛鳥寺本尊の丈六金銅仏は推古十三年に鋳込が開始されたとすると、当然ながらそれ以前に鋳型とりや、それに先立つ原型の塑像づくりがおこなわれていたはずである。丈六の金銅仏はもちろんわが国ではじめて制作する仏像であったから、原型となる大きな丈六の塑像づくりや鋳型とりが念入りにおこなわれたことはいうまでもない。

このような丈六の金銅仏の制作開始がいつであったかはわからないが、鋳造と鍍金に四年かかっているので、そのくらいの期間は必要だったのではあるまいか。推古八、九年ごろ中金堂が全貌を見せるころにはそこに安置する本尊の制作ははじまっていたのであろう。換言すれば、本尊の制作は中金堂・東西二金堂・中門・回廊という回廊内の堂宇建立ペースに合せてはじまったのである。

飛鳥寺の本尊の制作は飛鳥寺造営集団の造仏工グループが担当していたが、その責任者たる長が鞍作鳥であった。先述のように、本尊の制作は用明二年（五八七）の飛鳥寺発願から一〇年以上も経たころにはじまったと思われるので、発願時に百済に対して造仏工の招聘をしなかったほどに成長していた鞍作鳥の技術は、さらに向上していたと思われる。

鞍作鳥の功績

鞍作鳥の造仏技術は本尊の制作開始時には師匠たる百済の造仏工にも追いつくほどになっていたのではなかろうか。だからこそ、『日本書紀』は飛鳥寺本尊の制作者として鞍作鳥の名だけを記すことになったのであろう。飛鳥寺の丈六金銅仏という超大作の造仏を通して、鞍作鳥は造仏工として一人立ちすることができたのである。

『日本書紀』推古十三年四月条によると、飛鳥寺の本尊は推古天皇が聖徳太子と蘇我馬子、さらに諸王諸臣に詔して発願したかのごとく記している。しかし飛鳥寺は馬子が発願した寺で、その本尊だけが推古天皇の発願というのも不思議な話である。もしもそうなら、天皇という権威を誇らんがために丈六光銘は嬉々としてそのことを記したにちがいない。

わが国で天皇家が直接寺院を建立するようになるのは推古天皇の次の舒明天皇の百済大寺が最初であるから、『日本書紀』推古十三年の推古天皇を発願者とする部分は信じることができないのである。したがって、翌推古十四年五月に推古天皇が鞍作鳥に「今朕、丈六の仏を造りまつらんが為に、好き仏像を求む。汝が献れる仏の本、則ち朕が心に合《かな》えり」と勅したという記述も、推古天皇を飛鳥寺本尊の発願者とする部分は事実ではあるまい。

この勅の真相はわが国初の丈六の金銅仏を完成させた鞍作鳥に対して、その功績を天皇が讃えるように馬子が画策したものであろう。また飛鳥寺本尊が完成したとき、鳥が金堂の戸を壊さないで納めたという話もつくり話で、わたくしは鳥が大仁《だいにん》の位《くらい》と水田を賜給されたのは金堂の戸を壊さなかったからではなく、わが国初の金銅の丈六仏を完成したからだと解している。

飛鳥大仏の台座の再調査

飛鳥大仏が安坐している台座は昭和三十一年（一九五六）からはじまった発掘調査の結果、当初の中金堂の中心に据えられた花崗岩の台座で、その位置も動いていないことがわかった。

その後、昭和五十六年（一九八一）の調査では現本堂の床板をはずして台座を調べた結果、当初の台座は花崗岩ではなく、兵庫県高砂市周辺から運ばれた竜山石《たつやま》であることと、台座の上に須弥座がのこっていることが判明した。台座の上に須弥座とはいささか理解に苦しむ。というのも仏像を安置する台座で、腰の部分が細く、上下に広い框《かまち》がつくものを須弥座と呼ぶが、飛鳥大仏の台座は石の須弥座が石の台にのっている形式のようである。

台座の調査を担当した大脇潔氏によると、台座は切石四個を組合せて正面四・三一メートル《メートル》、奥行三・三二メートル《メートル》、高さ〇・六七メートル《メートル》の大きさにつくられ、この台座の中央やや後方に竜山石を用いた須弥座が据えられていた。復原すると下框《したがまち》の大きさは正面二・五八メートル《メートル》、奥行二・〇五メートル《メートル》の横長の形で、高さは飛鳥大仏の下半身がその上にかぶさっているため正確には計れないが、約五〇センチ《センチ》まで遺存している。当初はもう少し高く、一段ないし二段程度の上框《うわがまち》がある簡素な須弥座であったと推定されるという。

このように大きな石製の台座と須弥座であれば、おそらく建築工事がはじまる前の基壇造成時に礎石と同時に据えて、組合せたのであろう。つまり、設計の段階ですでに銅造の丈六像を安置することが決定していたということである。一般に建築物の設計はその建築の用途に応じて決定するが、この場合もまず金銅の丈六仏を安置することが決まり、そのための中金堂が設計されたのである。

石製須弥座　昭和五十六年（一九八一）の台座の調査の最大の収穫は台座の上に当初の須弥座がのこされていることを発見したことであろう。

後の法隆寺の金堂の釈迦三尊像と薬師如来像、さらに法輪寺の薬師如来像は木製の須弥座を二つ重ねて用い、また薬師寺金堂の丈六の薬師如来像は大きな金銅製の須弥座を用いている。本来は仏像が金銅仏なら台座も金銅、木彫なら木造とするのが当然と思われるが、法隆寺の二つの金銅仏は木製の須弥座を用い、飛鳥大仏も金銅仏でありながら須弥座は石製である。

前者の法隆寺の場合、須弥座が木製であるのは法隆寺が再建工事中という経済的事情によるものと思われる。後者の飛鳥大仏の場合について、調査を担当した大脇氏は、当時丈六の巨像を支えるだけの箱形の鋳造品をつくることが困難だったためといわれる。

わたくしも台座を石製にしたのは大脇氏のいうような事情のためと考えているが、かつて久野健氏は石製の台座の上に金銅仏を置くのは不自然で、石像がふさわしいとして、鹿深臣将来の弥勒石像をまず安置し、推古十七年に丈六金銅像が完成すると中金堂に安置され、弥勒石像は東金堂に移されたという本尊交替説を主張した。石座に金銅仏は不自然だから石像を置いたという主張はわからないではないが、その後不自然なはずの金銅仏がとってかわるというのはいささか首尾一貫していない。

石座に金銅仏という組合せはすでに新羅の皇竜寺にその例があった。皇竜寺の本尊は金銅の丈六立像で、飛鳥大仏の倍の重さがあった。丈六の金銅仏のように大きくて重量のある仏像の台座に石座は経済的にも技術的にも有効であったから、皇竜寺でも飛鳥寺でも用いられたのであろう。

わたくしには大きな石座に小さな一尺（『上宮太子拾遺記』）の弥勒石像を置く方が、大きさのバランスがとれた金銅仏と石座の組合せよりよほど不自然に思えるのだが。

飛鳥大仏の現状

飛鳥大仏は今も竜山石の須弥座の上に安坐し、当初の位置を移動していない。しかし鎌倉時代のはじめに落雷のため伽藍が焼失したとき大きな損傷をうけてしまった。『上宮太子拾遺記』は泉高父私記なる一文を引用して「雷火ノ為ニ炎上セシメラレ了ンヌ。寺塔残ルコト無シ。但シ仏頭ト手トノミ残ルト云云」と書いている。

この記述通りに解すると、雷火のために飛鳥寺の堂塔は全焼したが、仏頭つまり本尊の頭部と手だけが焼けのこったことになる。頭部と手だけがのこったという仏像が飛鳥大仏で、今も坐像の全身像として現存している。すると頭部と手以外はすべて火災後に補修され、あらたにつけ加えられたということになるが、実際そのように解している人も多い。

戦前の石田茂作氏の調査によると、頭部の額・両眉・両眼・鼻梁・左耳、右手の第二・

三・四指が制作当初のもので、背面・胸辺・左腕は鋳放しであるところから後補、また膝・右手掌・螺髪《らほつ》は銅の上に粘土で皺をつくって墨を塗っており、さらに左手は木製さし込みの上に墨を塗っているので、これらも後補部分という。戦後の奈良国立文化財研究所の調査では額・両眉・両眼・鼻梁は当初の形をよくのこし、髪際線や両眉から鼻梁につらなる稜線、杏仁形の上下瞼の刻線は当初の鏨仕上げによるもので、両頬の布を張って錆《さび》漆《うるし》で補修している部分も当初の象嵌《ぞうがん》が欠失したため補われたものという。

報告者が制作当初のものというのはどうやら火を浴びていない部分ということのようであるが、久野健氏は左手の掌の一部、右膝上にはめこまれている左足の裏と足指の一部などは表面が焼け膚であることから、当初のものではないかと推測している。木製部分や粘土部分は当然後補であろうが、粘土の下の銅や鋳放しの銅の内部まですべてが後世のものかというと、いまひとつはっきりしないのである。なお、右手の第二・三・四指は枘《ほぞ》で後補部分につなぎとめているのがX線写真で確認されている。

飛鳥大仏の補修

鎌倉時代の末の『上宮太子拾遺記』には建久の火災で仏頭と手だけがのこったと書かれているが、そのまま信じると肩より下の体幹部は焼失して仏像のかたちをなしていなかったことになる。もっとも、今の飛鳥大仏を見ると頭部と手も当初のものはその一部にすぎない。焼失後頭部と手だけがのこったとすると、存在しない体幹部をあらたに鋳造し、それに頭部と手を接ぎ足したことになるが、はたしてそのようなことが可能であろうか。

現状の飛鳥大仏の体幹部の服制、たとえば胸前の裙《くん》の括り目を蝶結びとしたり、襟元の内衣の合せ目をV字形にあらわしていること等はたしかに北魏や百済・飛鳥の仏像にみられる古い形式である。これについて、田辺三郎助氏は火災をうける前の記憶がうすれないうちにもとの形式を想起しつつ補修したから、古い形式がのこったのだと説明している。つまり田辺氏は、建久の火災のとき体幹部は焼失して仏像のかたちをなしてなかったと解しているようである。わたくしは、火災のとき体幹部は表面が焼けても当初のかたちをなんとかとどめていて、その上に鋳加えをして補修したのであれば、飛鳥大仏の服制は古い形式であるのも当然ではないかと考えている。

いずれにしても、建久の火災後飛鳥大仏は何度かの補修を経ていることはまちがいあるまい。それはお世辞にも上手とはいえない補修であるが。江戸時代の延宝九年（一六八一）の『和州旧跡幽考』によれば、「鞍作鳥のつくられたりし霊仏、御膝よりうへのみのこり給ひしを、すへたてまつりき」とあって、さらに元禄十二年（一六九九）の『安居院由来記』によると、左手を木で、裾まわりを土で補修したというから、今の飛鳥大仏の姿はこのときの修理の結果のようである。

飛鳥大仏の様式

現在、飛鳥大仏を観察するかぎり、頭部や右手指の一部にしか火を浴びていない当初部分はのこっておらず、そのほかの大部分は復原的に補修したものであっても、飛鳥大仏の綿密な様式検討を試みることは困難といえる。それでも『日本書紀』が鞍作鳥のつくったという飛鳥大仏と鳥作の法隆寺金堂の釈迦三尊と比較して鳥作を認める人と認めない人がいる。

飛鳥大仏のわずかな当初部分の右手の指は太い指であるのに対し、釈迦三尊像の指は細いとして、飛鳥大仏の鳥作を疑ったのは久野健氏であった。一方、石田茂作氏は指の爪の長いことは両者に通ずる特徴として、飛鳥大仏を鳥作の仏像と推測している。

指の大きさに注目すると、飛鳥大仏はたしかに太く釈迦三尊は細い。しかしこれは飛鳥大仏が丈六という巨像に対し、釈迦三尊が等身ということを考慮しなければならず、より大きな仏像の指は折損しないために太くしたのであろう。また飛鳥大仏の左耳の耳朶《じだ》に穴があくのに対し釈迦三尊像にはないというちがいも、指の場合と同じく仏像の大きさによる相違とも思える。

さらに久野氏は、飛鳥大仏の服制は理にかなった着衣法であるのに対し、後に制作した像（釈迦三尊像）の着衣法が理屈にあわないことはありえないし、飛鳥大仏の衣文線は丸みをもっていてそれほど抽象化・観念化していない点からしても鳥作ではないという。しかしながら、理にかなった造形は時間の経過とともに理屈にあわなくなるのは世の常で、また丸みをもった、ある意味で写実的な衣文も時間がたつと抽象化・観念化するもので、飛鳥大化と釈迦三尊像の制作年代の差、すなわち推古十三年発願と推古三十年発願をあらわしているのではなかろうか。

久野氏はまた両者の脚の組み方がちがうことも問題にしているが、飛鳥大仏のように当初の部分がほんのわずかという場合、わずかな部分から推測して鳥作ではないとすること自体、かなり問題があるのではなかろうか。飛鳥大仏が釈迦三尊と相入れない決定的な造形特色をもっているのならいざ知らず、誰の目にも飛鳥仏と映じ、その上『日本書紀』が鳥作と記しているのである。『日本書紀』の記述を否定する文献がなく、また久野氏のいわれるような理由しかないのなら、飛鳥大仏の鳥作を否定することもあるまい。現状では飛鳥大仏の鳥作を信じてもよいのではなかろうか。

『日本書紀』には鞍作鳥が丈六の金銅仏とともに丈六の繡仏をつくったことが書かれている。また丈六光銘には作者名は記していないが、丈六の銅繡二仏をつくったことが記されている。

繡仏の制作

かつて福山敏男氏は、奈良末に飛鳥寺側が豊浦寺《とゆらでら》をその支配下に置こうとする意図のもとに、豊浦寺の縁起に潤色を加えて飛鳥寺の縁起をつくったが、繡仏がいつできたか、どこに安置されたかを記していないのは豊浦寺の本尊繡仏と飛鳥寺の本尊銅仏とが同時につくられたと主張するための作為だと述べている。ところが、奈良末になって飛鳥寺の縁起作者が丈六光銘に書き加えたという繡仏の件が、どうして奈良朝のはじめに成立した『日本書紀』に書かれているのだろうか。おそらく福山説は誤解で、繡仏は当初から飛鳥寺の仏像としてつくられたのであって、豊浦寺のものではないのである。

ところで、鞍作鳥は金銅仏だけでなく繡仏もつくっているため、同一人物が彫刻も刺繡製品もつくっていることに疑問を呈する向きもあった。しかしながら、繡仏というと如来像や菩薩像が刺繡によってあらわされたもので、それらを描いた下絵がなくては刺繡はできない。下絵さえあれば繡糸を刺す動作を繰り返すだけで、誰でも刺繡はできた。彫刻家という造形作家なら誰でも絵が描けるから、鞍作鳥は繡仏の下絵である仏像の絵を描いたのである。したがって、『日本書紀』は繡仏制作でもっとも重要な下絵作者を繡仏の制作者として鳥の名を記録したことになろう。

三　金堂の本尊

飛鳥寺の三つの金堂のうち、中金堂の中心に据えられていた竜山石の須弥座の上に安置されたのは、いうまでもなく丈六の金銅仏、すなわち飛鳥大仏であった。飛鳥寺の根本本尊である。

それでは東西二金堂にはいかなる仏像が置かれたのであろうか。まず東西金堂の復原平面図（八九頁の図8参照）を見ると、意外にも示唆的な形をしている。本尊を置く内陣は桁行三間各間九尺、梁間二間各間七尺と南北に細長くなっている。したがって、東西金堂は左右に広がるような仏像や、あるいは複数の仏像を横一列に並坐させる形式の金堂として設計されたように思える。

繡仏は上下左右に広がるスクリーン形式のものであるから、東西金堂の本尊としてもっともふさわしいといえる。東西二金堂の一方に繡仏が懸けられていたとすると、のこる金堂には何が安置されたのであろうか。

『聖徳太子伝暦』は鹿深臣将来の弥勒石像について、「今在二右京元興寺東金堂一」と注を付している。「今……に在り」と記しているから、『聖徳太子伝暦』の成立のころにはこの弥勒石像は飛鳥寺の東金堂にあったことは間違いなかろう。大きさは「一尺許《ばかり》」「一尺余《あまり》」（『上宮太子拾遺記』）というから、かなり小さかったらしい。だから、東金堂の内陣に一尺余の弥勒石像が一軀だけ本尊として安坐していたと考えることは無理で、これよりも大きい本尊があった可能性が強い。本尊があって小さな弥勒石像も安坐していたのであれば、弥勒石像のような他の舶載仏も左右に広がる内陣に並坐されていたのかもしれない。仏教信奉者の蘇我氏が飛鳥寺建立までに所有していた舶載仏を納めていたのではなかろうか。今となっては東金堂の本尊を明らかにすることはできないが、東金堂には弥勒石像をふくむ舶載仏が安置されていたのであろう。もっとも本尊と呼ばれる仏像はなく、仏教公伝後蘇我氏が所有していた舶載仏が東金堂の内陣に横一列に並べられていたのかもしれない。その中の一つが百済伝来の弥勒石像だったのである。

こうしてみると、飛鳥寺の中金堂には鳥仏師作の丈六の金銅釈迦三尊像が安置され、東金堂には弥勒石像を含む舶載仏が横一列に置かれ、西金堂には鳥仏師が下絵を描いた丈六の釈迦繡仏像が懸けられていたことになる。すなわち、飛鳥寺回廊内の堂塔と安置仏は推古十七年には完成していたのである。

仏教文化の受容と飛鳥寺

西暦五三八年、朝鮮半島の百済は遷都し、ついでわが国に仏教を伝えた。そのとき百済はわが国に公式に仏像や経典、さらに荘厳具《しょうごん》を送ってきたのである。わが国にとっては外交ルートによる仏教公伝であった。百済にとっても公伝したかぎり、仏教がわが国で盛行すべく、種々のアフターケアを実施する必要があった。

仏教をつつみこんでいる中国文化は日本人にとって完全に未知なもので、仏・法・僧の三宝の拠点たる仏教寺院は中国文明の粋をあつめてつくったものであった。そこで百済はわが国に技術供与のために造寺工・造仏工を送ってきた。百済の工人は日本人の造寺工・造仏工を養成し、やがて彼らは寺院建立が可能な工人に成長した。一方、百済は技術供与だけでなくわが国からの留学僧を受け入れ、三人の尼僧が海を渡った。

用明二年（五八八）蘇我馬子は本格的仏教伽藍の建立を決意し、およそ三〇年の歳月をかけて飛鳥真神原《まがみのはら》に飛鳥寺《あすかでら》を完成させた。

彩色鮮やかな巨大建築と金色燦然と輝く丈六の金銅釈迦像は、かつて日本人の誰一人見たことのないものであった。仏教の伝来というとひとつの宗教の伝来と思われがちであるが、わたくしは飛鳥時代の仏教の伝来は一大総合文化の伝来、換言すれば飛鳥の文明開化と呼ぶべきだと考えている。つまり、仏教を受容することは文字（漢字）を学んで経典を理解することであり、土木・建築の工法を習得して巨大建築を建立することであり、さらに高度な鋳造技法を習得して金銅仏を制作することであった。

このような仏教の受容はより高度な中国文化を受け入れ、わが国の文化水準を引き上げ、中国を中心とした東アジアの国際社会への参加を意味した。飛鳥寺の建立はそれまでの日本文化を一変させるに十分すぎるほどで、飛鳥寺こそ飛鳥文明開化の象徴であった。

飛鳥寺の完成につづき斑鳩の地には聖徳太子の法隆寺が、また難波には四天王寺が建てられ、七世紀前半のわが国にはおよそ五〇ほどの仏教寺院が出現していた。日本人の誰も見たことのなかった彩色鮮やかな巨大木造建築と、金色燦然と輝く金銅仏を擁した仏教寺院がつぎつぎとつくられていたのである。当時の知識層の仏教文化に対する憧れの強さを知ることができよう。

仏教を受容して仏教文化の樹立を目指していたわが国は、飛鳥寺の造営途中にその仏教文化が中国で創出されたものであることに気付くと、朝鮮を介さずに直接中国から文化の受容をはじめた。つまり、わが国は仏教文化を教示してくれた朝鮮を切り捨て、遣隋使を派遣したのである。やがて唐が隋にとってかわると舒明朝には遣唐使が送られ、初唐の文化がもたらされることになった。

ところで、百済の工人から仏教寺院建立のための技術を習得したわが国の工人は、当初数人ではじまったが、五〇ほどの寺院を出現させたころには工人の数も飛躍的に増え、第二世代、第三世代の工人も誕生していた。ちょうどそのころ、舒明天皇が天皇家としてははじめての寺院、すなわち百済大寺を発願した。百済大寺につづいて、七世紀後半には川原寺・薬師寺の勅願寺がつくられ、わが国では最高権力者の天皇が仏教を信仰し、同時に寺院を建立する時代を迎えた。

わが国の仏教文化は飛鳥寺以来主として百済を介して受容されていたが、勅願寺はもっぱら中国から直接受容することになった。百済を介して受容していた仏教美術を飛鳥美術と呼ぶのに対し、初唐の仏教美術を受容していた勅願寺の美術を白鳳美術という。

七世紀末の律令制度の整備とともに、勅願寺は国家官寺として律令制の中に組込まれ、経済的保護をうけることになり、やがて平城京時代を迎えると、わが国の仏教美術はほぼ満開の花を咲かせたのである。なかでも薬師寺金堂の薬師三尊像の造形は比類なく美しい。この薬師三尊こそ、飛鳥寺の造営を通じてはじまったわが国の仏像彫刻が、飛鳥・白鳳・天平のおよそ一二〇年によって仏教美術の発信国である中国の仏像彫刻に追いついた記念すべき彫刻であった。

中国の仏教美術に追いつけばこそ、次は完全に追い越したものがつくられた。すなわち東大寺大仏である。『日本書紀』の記す仏教公伝の年（欽明十三年・五五二）からちょうど二〇〇年という記念すべき年（天平勝宝四年・七五二）を目指して開眼供養された大仏は世界一大きい金銅仏で、大仏殿もまた世界最大級の木造建築であった。当時の世界帝国唐にもこのような金銅仏はつくられていない。

未知の文化を積極的に受容し、しかも改良して本家本元の文化より高度なものにする日本民族の旺盛な活力は今も昔も変らない。こうして飛鳥時代に受容した仏教文化、つまり中国文化は二〇〇年足らずで消化し、より充実させてわがものとしたのである。明治のはじめに未知の西洋文化を受容しはじめてからの日本の姿を見るにつけ、わたくしは未知の仏教文化を受容しはじめた飛鳥時代の日本を想い出さずにはいられない。一四〇〇年前の日本と一〇〇年前の日本がオーバーラップするのである。つまり、日本は二度の文明開化を経験したのである。

平安時代以降、仏教はわが国民族の間に深く根を下ろし、日本民族の思想や精神を支配することになった。今の日本人の多くは宗教としての仏教を信仰していないが、その行動や日常語、さらに考え方には仏教的なものがずい分多い。今でも仏教が日本人の体内にまで浸み込んでいるからであろう。

あとがき

吉川弘文館の新シリーズの「歴史文化ライブラリー」の一冊として、小著の執筆をすすめられ、編集部のあたたかい励ましにささえられ、やっと書き上げたのは桜が咲いていた四月中旬であった。夏からはじまった校正も終り、内心ほっとしていると、今朝の新聞に本シリーズの第一回配本を伝える広告が載っていた。

十一月刊行開始と聞いていたので、いよいよはじまったのだと思いつつ眺めていると、左下に来年三月の第三回配本の予告もあって、そこに「飛鳥の文明開化」という書名を見つけた。自分が生み出した書物の広告に接すると、やはり緊張する。今回はいささか気恥かしい書名にしたので、一層身が引き締る。

プロローグでも述べたように、〝飛鳥の文明開化〟とはたしかに聞き慣れない。わたくし自身、飛鳥・白鳳・天平という奈良美術の研究分野に身を投じるようになって、かれこれ三〇年たつが、飛鳥時代に伝来した仏教が一大総合文化で、それを受容していくことがまさに文明開化であったと理解するようになったのは、この一〇年ほどのことである。わが国の仏教受容をこのように解釈するようになったのは、そのもととなった中国仏教の理解を深めていたからであった。わたくしが学んだ早稲田の奈良美術研究は大正時代の会津八一先生にはじまるが、安藤更生・小杉一雄・吉村怜の諸先生はどなたも奈良美術研究のためにに中国美術を勉強することをすすめられた。先生たちの教え通りに、中国の仏教美術、つまり中国仏教を勉強するうちに、飛鳥時代の仏教受容は飛鳥の文明開化であったと解するようになった。今では奈良美術の本質もおぼろげながら見えてきたようである。

なお、飛鳥大仏の写真は飛鳥寺住職山本寶純師から拝借し、また挿図は大久保衛里氏が作図したものである。作図にあたっては、『飛鳥寺発掘調査報告』（奈良国立文化財研究所）、坪井清足氏の『飛鳥寺』（中央公論美術出版）、西岡常一・宮上茂隆・穂積和夫氏の『法隆寺』（草思社）所載の挿図を参考にさせていただいた。関係各位に心から御礼申し上げたい。

平成八年十一月十三日

目黒　伊呂波書屋

大橋一章

著者紹介

一九四二年、中国青島生まれ
一九七四年、早稲田大学大学院文学研究科博士課程美術史学専攻了
現在早稲田大学教授

主要著書
薬師寺　斑鳩の寺　天寿国繡帳の研究

歴史文化ライブラリー
12

飛鳥の文明開化

一九九七年四月一日　第一刷発行

著　者　大《おお》橋《はし》一《かつ》章《あき》
発行者　吉川圭三
発行所　株式会社 吉川弘文館
東京都文京区本郷七丁目二番八号
郵便番号一一三
電話〇三―三八一三―九一五一〈代表〉
振替口座〇〇一〇〇―五―二四四
印刷＝平文社　製本＝ナショナル製本
装幀＝山崎　登（日本デザインセンター）

歴史文化ライブラリー

1996.10

刊行のことば

現今の日本および国際社会は、さまざまな面で大変動の時代を迎えておりますが、近づきつつある二十一世紀は人類史の到達点として、物質的な繁栄のみならず文化や自然・社会環境を謳歌できる平和な社会でなければなりません。しかしながら高度成長・技術革新にともなう急激な変貌は「自己本位な刹那主義」の風潮を生みだし、先人が築いてきた歴史や文化に学ぶ余裕もなく、いまだ明るい人類の将来が展望できていないようにも見えます。

このような状況を踏まえ、よりよい二十一世紀社会を築くために、人類誕生から現在に至る「人類の遺産・教訓」としてのあらゆる分野の歴史と文化を「歴史文化ライブラリー」として刊行することといたしました。

小社は、安政四年（一八五七）の創業以来、一貫して歴史学を中心とした専門出版社として書籍を刊行しつづけてまいりました。その経験を生かし、学問成果にもとづいた本叢書を刊行し社会的要請に応えて行きたいと考えております。

現代は、マスメディアが発達した高度情報化社会といわれますが、私どもはあくまでも活字を主体とした出版こそ、ものの本質を考える基礎と信じ、本叢書をとおして社会に訴えてまいりたいと思います。これから生まれでる一冊一冊が、それぞれの読者を知的冒険の旅へと誘い、希望に満ちた人類の未来を構築する糧となれば幸いです。

吉川弘文館

〈オンデマンド版〉
飛鳥の文明開化

歴史文化ライブラリー
12

2017年（平成29）10月1日　発行

著　者　大《おお》橋《はし》一《かつ》章《あき》
発行者　吉川道郎
発行所　株式会社　吉川弘文館
〒113-0033　東京都文京区本郷7丁目2番8号
TEL　03-3813-9151〈代表〉
URL　http://www.yoshikawa-k.co.jp/

印刷・製本　大日本印刷株式会社
装　幀　清水良洋・宮崎萌美

大橋一章（1942～）

ISBN978-4-642-75412-5